JN007690

与中国茶和中式点心的第一次相遇

Yǔ zhōngguóchá hé zhōngshì diǎnxīn de dì yī cì xiāngyù

旅するように知り、
楽しむ

はじめての
中国茶と
おやつ

甘露

誠文堂新光社

はじめに

　私たちは東京・新宿区の西早稲田にある中国茶カフェ「甘露（かんろ）」です。新宿駅から山手線で2駅。高田馬場駅から早稲田大学のある方向に徒歩で15分弱という少し交通の便が悪い場所で、日本人と中国人が一緒に営んでいます。甘露が中国のお茶を出す店でありながら、茶館ではなくカフェと名乗っているのは中国茶に気軽に触れてみてほしいからです。中国茶と聞くとイメージされがちなお作法とか道具といったかしこまったものごとよりも、中国の人たちがお茶を飲んでのんびりしたり、友達や家族とおしゃべりしたりするような「お茶とともに過ごす時間」の楽しみをお届けしたいと考えています。中国茶は何度もお湯を継ぎ足し、煎を重ねて飲みます。甘露では各テーブルに電気ケトルが備え付けられていて、ご自分のペースでお湯を沸かしてお茶を淹れていただきます。お湯がなくなったらスタッフにお声掛けくだされば、何度でもお湯のおかわりができます。かように中国茶とは、おひとりでもお友達とでも、のんびりぼんやりと時間を過ごすのに最高のツールだと思うのです。

　また、甘露では中国茶とともに中国各地のおやつをお出ししています。日本国内に中華料理店は4万軒以上あるといいますが、食後のデザートといえば杏仁豆腐にゴマ団子、ちょっと頑張ってマンゴープリンくら

いでしょうか。あとは中華菓子の代表選手、月餅。あの広い中国の国土に、それだけしか甘いものが存在しないわけがありません。中国の各地には日本であまり知られていないおやつがあり、中国人にとってもふるさと以外の地域には未知のおやつがたくさんあります。中国茶のお店を始めると決めてからはたびたび現地へ飛び、食べ歩きました。はじめての味に驚き美味しさに感動しました。その驚きと感動を少しでも皆さんに共有できればと、季節ごとにメニューを替えてお届けしています。

　おかげさまでSNSなどを通じて、中国茶が好きな方やはじめて見たおやつに興味を持った方、中国のアニメやドラマといった中華コンテンツが好きな方など、さまざまなきっかけで甘露を知ったお客様が訪れてくださるようになりました。甘露は中国に興味を持っていただく入り口のような存在になりたいと考えています。ですから本書では、専門的になりすぎないように中国茶とおやつについてつまみ食いするような感覚で読んでいただける本を目指します。この本が皆さんにとって中国への新たな入り口になることを願っています。

甘露

目录

mùlù

2　はじめに

中国茶のこと　6

7　美味しいお茶との出会い
　　中国茶も四千年の歴史？
8　なんとその数 1000以上!?
　　中国茶の魅力は香りと味の豊富さにあり
9　中国茶はこうして作られる
　　それぞれの茶葉を作る工程
10　六大分類
12　いろいろな中国茶
14　お茶が作られるのは限られた地域だけ
15　本書の読み進め方

中国の茶館めぐり　18

20　北京
24　上海
26　蘇州
28　杭州
32　成都
40　広州
44　潮州
46　西北
47　台湾

48　コラム　知ればもっと楽しい！
　　お茶にまつわる中国語会話

産地別お茶紹介　51

52　浙江省
53　龍井茶 / 安吉白茶

54　江蘇省
　　碧螺春

55　安徽省
56　太平猴魁 / 六安瓜片
57　祁門紅茶 / 黄山貢菊

58　福建省
59　白毫銀針 / 白牡丹
60　寿眉 / 岩茶 大紅袍：岩茶について
61　岩茶 肉桂 / 岩茶 水仙
62　安渓鉄観音 / 黄金桂
63　金駿眉 / 正山小種
64　龍珠花茶 / 富貴牡丹 / 龍鳳吉祥

66　広東省
67　鳳凰単欉蜜蘭香 / 鳳凰単欉鴨屎香
68　嶺頭単欉 / 小青柑

69　コラム　華流古装ドラマにみるお茶のシーン

70　湖南省
71　君山銀針 / 安化茯磚茶

＊本書で紹介している情報は2023年1月現在のものです。店舗などは新型コロナ
ウイルス感染症（COVID-19）等の状況で突発的な休業なども考えられます。営
業状態などの最新情報はウェブ等でご確認ください。

72 **四川省**
73 蒙頂甘露 / 蒙頂黄芽
74 雅安蔵茶 / 碧潭飄雪

75 コラム 甘くて美味しい健康茶

76 **雲南省**
77 月光白 / 滇紅
78 普洱茶（生茶）/ 普洱茶（熟茶）

79 **甘粛省**
　　苦水玫瑰

80 **台湾**
81 阿里山高山茶 / 凍頂烏龍茶
82 正欉鉄観音 / 東方美人

83 コラム 普洱茶のヴィンテージパッケージ

84 茶器と飲み方

85 玻璃杯（ロンググラス）
86 蓋碗（蓋付き湯のみ茶碗）
88 茶壺（急須）
89 茶杯（小さな湯のみ茶碗）
90 もう少し、こだわってみたいなら
92 美味しくお茶を淹れるコツ / 茶葉の保管の仕方
94 楽しみ方、エトセトラ

96 中国のおやつ

98 北京のおやつ
104 上海のおやつ
108 蘇州のおやつ
112 広州のおやつ
115 香港のおやつ
116 成都のおやつ
120 昆明のおやつ
122 台湾のおやつ

126 コラム それもこれもどれも月餅!?
　　　　 各地でこんなに違う月餅のはなし

130 中国のおやつレシピ

131 蛋黄酥（アヒルの塩卵入り中華パイ）
136 螺旋酥（うずまきの中華パイ）
140 椰蓉酥（ココナツの中華パイ）
143 桃酥（クルミの中華風クッキー）
144 蓮子紅豆沙（陳皮の香る小豆のお汁粉）
146 芝麻糊（黒ゴマのお汁粉）
147 銀耳湯（白きくらげの甘いスープ）
148 双皮奶（卵入り薄皮のミルクプリン）
150 緑豆糕（緑豆のケーキ）
152 紅棗馬蹄糕（なつめ入りクワイの蒸しケーキ）
153 水晶桂花糕（キンモクセイ香る冷たいゼリー）

154 知って楽しい 使って美味しい 食材たち
158 食材・お茶が購入できる場所
159 分類別お茶索引

巻末　折込『はじめての中国茶とおやつ』的地図

中国茶のこと

美味しいお茶との出会い

　この本を手に取った皆さんが中国茶を飲み始めた、または興味を持たれたきっかけはなんでしょうか。旅先で美味しいお茶を飲んだこと、華流ドラマやアニメのワンシーンで推しが飲んでいた、小さく可愛い茶器。「甘露」での体験がきっかけになった方もいらっしゃるかもしれません。きっかけはいろいろですが、この本を通じて皆さんと出会えた「お茶の縁」に感謝です。

　私が中国茶にハマったきっかけは、知人が懇意にしている中国茶のお店での試飲体験です。そこは四川省の「茶城」と呼ばれる中国茶のお店ばかりが並ぶ専門店街にあるお店でした。はじめて茶城に行った私にとっては薄暗く迷路のようで、入りにくい雰囲気。お店に入ると、お店の方が「このお茶美味しいから飲んでみて」とニコリともせず淹れてくれたそのお茶があまりに美味しく、そのお茶がなんというお茶なのか、どうやって飲むのかもわからず買って帰りました。その後日本で中国茶について学べるところを調べて通い、買って帰ったお茶が普洱生茶だったことをようやく知りました。

　この本では、さまざまな中国茶の楽しみ方をご紹介しています。代表的な中国茶や産地の省紹介、それぞれの現地での中国茶の楽しみ方、中国茶のお供にしたいおやつの紹介など、綴じ込みの地図で場所を追いながら、まるで産地や茶館をめぐる旅をするように読んでいただけると幸いです。ぜひお気に入りの中国茶を片手にどうぞ。

中国茶も四千年の歴史？

　茶を最初に口に入れたのは、今から四千年以上前の伝説の神「神農」といわれています。神農はさまざまな植物や鉱物などを自ら食べ、体を張ってその効能を調べたすごい神様です。しかし神農であっても毒に当たることも多く、その都度茶を用いて解毒していた、と漢の時代（紀元前206年〜西暦220年）の中国最古の薬書『神農本草経（しんのうほんぞうきょう）』に記されています。これは神話の中の話で、喫茶の歴史とイコールではありませんが、昔から茶がその薬効を期待されていたことがわかります。どのように茶を用いていたのか詳しくわかっていませんが、茶樹の起源とされる雲南省の一部地域やその周辺の国では茶を飲む以外に、茶葉を煮る、発酵させる、などの調理法が伝わっていることから、食用とされていたことも考えられます。

　その後三国時代を経て、唐の時代（618〜907年）になると茶は広まり、さまざまな茶器も考案され発展していきます。世界で最初の茶の専門書といわれる『茶経（ちゃきょう）』を陸羽（りくう）が記したのも唐の時代です。『茶経』には当時のおすすめの茶の飲み方が記してあり、炙って粉末にした茶を湯で煮立たせて塩で味を調えるというものです。その後に伝わった日本の茶道と似ているところもありますが、まだこの頃のお茶はしょっぱかったのですね。

　さて、現代の様な「散茶（さんちゃ）」（リーフティー）が主流になったのは明の時代（1368〜1644年）です。それ以前、茶葉は粉末にして用いていたので「団茶（だんちゃ）」と呼ばれる固形がほとんどでした。団茶は時に華美な装飾が施され、おも

に上流階級で大流行していましたが、明の洪武帝は贅沢になりすぎた上流階級の茶文化を戒めるため、団茶の製造を禁止しました。これにより茶の製造は簡素化され、湯を茶葉に注いで茶を飲むという習慣が一般の人々にも広がる1つのきっかけになりました。それと同時に釜炒りなどの新たな技法が開発され、龍井茶や武夷岩茶など今につながる名茶の生まれる基礎ができあがったのです。

なんとその数1000以上!?
中国茶の魅力は香りと
味の豊富さにあり

　茶樹の発祥は中国西南地方（今の雲南省のあたり）といわれますが、そこから広がり広大な中国大陸の各地で茶の飲み方や製造方法などさまざまに発展してきました。その土地の気候や風土にあった品種が生まれ、その品種にふさわしい製茶法ができ、今日のように飲みきれないほどの種類の中国茶が生まれました。

　ちなみに1000以上と書きましたが、これは大袈裟な数字ではありません。現在、名優茶と呼ばれる有名なお茶だけで1000種類以上あるので、中国茶全体で何種類あるのかといえば「わからない」となってしまうほど豊富なのです。

　花の香り、果実の香り、糖蜜の香り、甘い、苦い、酸っぱい……さまざまに異なる香りと味に、これが同じチャノキ（茶樹のこと）から作られたものなの？　と驚いたことのある方は多いでしょう。そしてもっと別のお茶も飲んでみたい、もっと自分好みのお茶を探してみたいと思わせる

種類の豊富さは、中国茶の魅力の真髄ではないかと思います。

　中国茶の種類は豊富ですが、元は同じチャノキから作られたもの。作る工程の違いによってあれだけの香りや味のバリエーションを産み出していることは本当に驚きです。茶葉が持つ酵素によって起こる酸化などの一連の反応のことを慣例的に"発酵"と呼びますが、この過程で茶葉の色や香りが変化していきます。この発酵の方法（もしくは発酵をさせないこと）が中国茶においてはとても重要ですが、この違いがわかると自分好みの茶葉を選ぶのもちょっとラクになるかもしれません。

　茶葉を作る工程の違いによる中国茶の分類の仕方は、次項でご紹介したいと思います。でも、ちょっと難しそう……と感じた方は、その先の自分好みのお茶を探す「いろいろな中国茶」（p.12）のページへお進みください。行ったり来たりしながら、どうぞ自由に読み進めてください。

中国茶はこうして作られる

　数多くの中国茶を、茶葉の製造工程の違いに注目して分類すると、6つに分類されます。これを「六大分類」と呼び、それぞれ緑茶、黄茶、白茶、烏龍茶、紅茶、黒茶という名前がついています。（2023年3月のISO国際規格で六大分類が定義されました）

　そもそも「茶」とは、チャノキ＝カメリア・シネンシスの芽や葉、茎を原料として作られたものと定義され、チャノキ以外を原料としたものは「茶外茶」と呼びます。

　同じチャノキが原料でみんな元々は同じ緑色の葉っぱなのに、緑茶は緑の茶葉、紅茶は紅い茶葉、烏龍茶は緑だったり紅だったり……と異なります。

それぞれの茶葉を作る工程

緑茶	殺青（さっせい）　→　揉捻（じゅうねん）　→　乾燥
黄茶	殺青（さっせい）　→　揉捻（じゅうねん）　→　悶黄※（もんおう）　→　乾燥
白茶	萎凋（いちょう）　→　乾燥
烏龍茶	萎凋（いちょう）　→　做青（さくせい）　→　殺青（さっせい）　→　揉捻（じゅうねん）　→　乾燥
紅茶	萎凋（いちょう）　→　揉捻（じゅうねん）　→　発酵（はっこう）　→　乾燥
黒茶	殺青（さっせい）　→　揉捻（じゅうねん）　→　渥堆（あくたい）　→　乾燥

※悶黄のタイミングは茶によって異なります。

六大分類

緑茶 （lǜchá）　　　　GreenTea

摘み終えた茶葉は加熱して茶葉に含まれる酵素の働きを止め、発酵が起こらないようにします（殺青）。製茶のはじめにこの工程を行うことによって生葉の緑色が保たれます。その後、茶葉を揉み込んで成分が出やすくするとともに形を整え（揉捻）、水分を飛ばして仕上げます（乾燥）。緑茶の乾燥には、「炒青」（釜で炒る）、「烘青」（熱風や輻射熱で炙る）、「晒青」（天日で干す）というおもに３つの方法があり、それぞれの緑茶の見た目や香りに大きく影響を与えています。

黄茶 （huángchá）　　YellowTea

黄茶を作る工程は緑茶とよく似ています。異なるのは茶葉を紙や布で包み、あえて蒸らす工程「悶黄」を、殺青後や乾燥中に何度か行うことです。この蒸らす工程を経ることで茶葉は黄色くなり、渋みなどの刺激が少なく、まろやかな味わいのお茶に仕上がります。

白茶 （báichá）　　　WhiteTea

最も工程がシンプルなのが白茶です。摘んだ茶葉を薄く広げて放置しておくことで、水分を蒸発させ、酵素の働きを高めます（萎凋）。白茶はこの工程を長時間行うことでわずかに発酵させます。その後、茶葉を揉んで形を整えることはせず、そのまま乾燥させます。そのため茶葉は自然な形が残っています。工程がシンプルな反面、積極的に人の手を加えないため気候などの自然条件や茶葉の状態の見極めなど、作り手の経験が出来栄えを左右するお茶でもあります。

うーろんちゃ
烏龍茶（wūlóngchá）　Oolong Tea

豊かな香りを引き出すために、茶葉を薄く広げて日光に当てたり、室内で放置することで酵素の働きを高めます（萎凋）。その後茶葉を揺すっては休める、を繰り返して徐々に茶葉を発酵させていきます（做青）。適度に発酵が進んだら、高温で加熱して酵素の働きを止めます（殺青）。その後、揉み込んで成分の出を良くして形を整え（揉捻）、「乾燥」させて茶葉の水分を飛ばします。乾燥させた後、焙煎を施してより香りや味を引き立たせる仕上げの工程を加えることが多いのも特徴です。

こうちゃ
紅茶（hóngchá）　　　Black Tea

紅茶の甘い香りは、茶葉を積極的に発酵させることで生まれます。摘み取った茶葉に温風を送り込むなどして酵素の働きを活発化させ（萎凋）、その後茶葉を揉み込んだり切り刻んだりして茶葉の細胞組織を破壊し、茶汁を染み出させます（揉捻・揉切）。茶汁にはカテキンなどのポリフェノールが多く含まれ、酵素としばらく触れ合うことで発酵します（発酵）。ちょうど良い発酵程度になったところで、高めの温度で乾燥して発酵を止め、さらに低い温度で水分を飛ばします（乾燥）。

くろちゃ
黒茶（hēichá）　　　　Dark Tea

黒茶は基本的には天日で干して作る「晒青緑茶」を原料として作られます。茶葉を積み上げて水分を与えるという特有の工程「渥堆」があり、この工程では、水分や熱、酸化酵素や微生物などの総合的な働きによって茶葉の成分を大きく変化させます。その結果、茶葉の色は黒っぽく、お茶の水色は褐色になり、味がまろやかになります。長期の熟成に適したお茶です。

いろいろな中国茶

お茶の種類	甘露的おすすめポイント	味わいのポイント	代表的なお茶	
緑茶	実は中国で一番飲まれているのは緑茶。美しい茶葉の姿に見惚れる	茶葉本来の味と香りをストレートに楽しみたい	龍井茶（p.53）	碧螺春（p.54）
黄茶	生産量はなんと１％未満！出会えたことに感謝したくなるレアな体験	茶葉のうまみをマイルドに味わいたい	君山銀針（p.71）	蒙頂黄芽（p.73）
白茶	アンチエイジングが期待されるお茶といえばコレ	茶葉の香りと甘みをバランスよく味わいたい	白毫銀針（p.59）	白牡丹（p.59）
烏龍茶	個性溢れるいろいろな茶葉が勢揃い。自分好みの香りと味がきっと見つかる	花や果実を思わせる華やかで上品な天然のアロマに癒やされたい	安渓鉄観音（p.62）	凍頂烏龍茶（p.81）
紅茶	紅茶の原産地は中国！　ストレートもアレンジもお任せあれ	濃厚な香りと繊細で深い味わいを堪能したい	正山小種（p.63）	祁門紅茶（p.57）

お茶の種類		甘露的おすすめポイント	味わいのポイント	代表的なお茶
黒茶		経年熟成による変化を慈しむ。中国茶のツウな楽しみ方	陳香と熟成されたまろやかな味わいを全身で感じたい	普洱茶 (p.78、83)　安化茯磚茶 (p.71)
再加工茶	花茶	蕾が開くその一瞬の香りが口の中ではじける	良質な茶葉の旨味とフレッシュな花の香りの両方を楽しみたい	龍珠花茶 (p.64)　碧潭飄雪 (p.74)
	工藝茶	湯の中でゆっくりと花が咲くエンターテインメント	渋みの少ない茶葉とそのままの花の香り	富貴牡丹 (p.64)　龍鳳吉祥 (p.64)
	緊圧茶	茶葉を蒸気で蒸し上げたのちに圧力をかけて成形したお茶。茶葉を蒸気で蒸してから固めてあるので保存しやすく、パッケージも豊富	ヴィンテージのお茶は優しい口当たりと奥行きのある味わい	普洱茶〈生茶〉 (p.78)
茶外茶		豊富な種類から自分に合った用途や効能で選んで	花や果実、穀物などそれぞれ異なる味と香り	黄山貢菊 (p.57)　苦水玫瑰 (p.79)

お茶が作られるのは限られた地域だけ

　広大な中国大陸は気候環境が多種多様で、中国茶はチャノキの生育に適した一部の地域でしか生産されていません。現在中国では気候風土などによって4つの茶区に分けられており、これを「四大茶区」と呼んでいます。それぞれの茶区では、茶樹の生育環境が似たような条件になることもあり、作られる茶葉にも共通点が多く見られます。

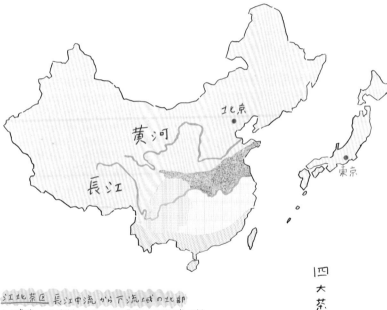

江北茶区

長江中流から下流域の北部。
河南省、陝西省、甘粛省、山東省、湖北省北部、安徽省北部、江蘇省北部などが含まれます。
おもな生産茶：緑茶

江南茶区

長江中流から下流域の南部。
湖南省、江西省、浙江省、安徽省南部、江蘇省南部、湖北省南部などが含まれます。中国における最大の茶区。
おもな生産茶：緑茶、紅茶、黒茶、花茶など

華南茶区

中国の南部。
広東省、広西壮族自治区、福建省、海南省などが含まれます。気候や風土的には台湾も華南茶区に入ります。
おもな生産茶：烏龍茶、黒茶、紅茶、花茶など

西南茶区

中国西南部。
雲南省、貴州省、四川省が含まれます。最も古い茶区です。
おもな生産茶：紅茶、緑茶、黒茶、花茶など

本書の読み進め方

　中国は本当に広大です。面積でいうと世界で4番目に大きくて、日本の25倍にもなります。その広い国をひとくくりに"こう"とまとめるのはとても難しく、地域によってよく飲まれるお茶、お茶を楽しむスタイルも各地各様です。おやつにしても、西安から来たスタッフが広州のおやつを甘露ではじめて食べた、なんてことはよくあります。

　地域による違いをわかりやすくお伝えするため、本書では巻末にA3サイズの地図を用意することにしました。お

茶については茶類別ではなく、産地ごとに分類しています。お茶を楽しむスタイルや飲まれるお茶、食べられるおやつについても、都市・地域ごとにそれぞれの特徴をご紹介しています。各地の取材にあたっては、できるかぎり現地在住の仲間に協力してもらい、リアルでフレッシュな情報を掲載するように努めました。地図を広げながら妄想紙面旅行へ出かけるような気分で、本書を読み進めていただけたら嬉しいです。

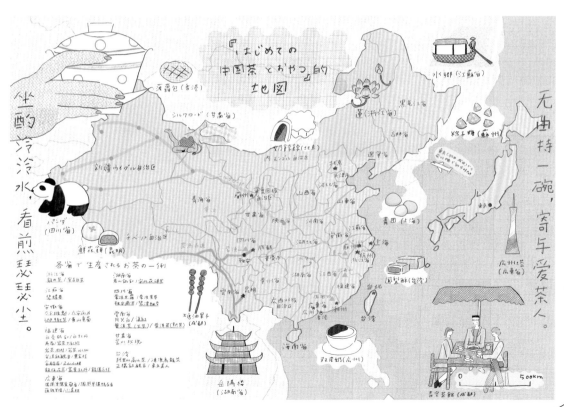

中国の茶館めぐり

広い中国の、いろいろな場所でのお茶のある風景。

ほっこり、まったり、ゆったりと。茶館の旅をお楽しみください。

この「中国の茶館めぐり」と「中国のおやつ（p.96〜）」の原稿作成は、中国在住の仲間たちの協力なくしては実現できませんでした。コロナ禍の中国において予定通りに進まなかったことや、取材を予定していた店が閉店してしまうなどいくつものトラブルを乗り越えて、形にすることができました。

現地へ思いを馳せながら、どうぞページをめくってみてください。

北京

ぺきん
Běijīng

北京へのアクセス

日本から：東京（羽田・成田）から飛行機で北京まで約4時間
中国国内：上海から高速鉄道で約4時間半、飛行機で約2時間

庶民、貴族、新中式。都で育まれた多様なスタイル

中華人民共和国の首都、北京市は華北平原に位置します。北緯40度に近く、冬には寒冷乾燥となる気候のため茶樹は育ちません。しかし都として長い時を重ねてきた北京には、お茶の文化が根付いています。庶民、文人、高官、王室と、それぞれがそれぞれにお茶と親しんできました。階層ごとにお茶の楽しみ方も異なっていたため、北京では現在でもさまざまなスタイルに触れることができます。

北京人の楽しみ方：飲み方

ダーワンチャ
大碗茶：大きなどんぶりに入れて街頭で売られるお茶です。かつては天秤棒を担いだ売り子が町で売っていました。奔放で豪快といわれる北京人の性格は、こうしたお茶の飲み方にも表れています（と、北京以外の人たちは言います）。

北京の「老舎茶館」にあった大碗茶のディスプレイや展示。

ガイワン
蓋碗：茶葉をよけて飲むためと保温、そして香りを保つために使われます。北京の蓋碗は景泰藍（七宝焼）で作られたものが多く、カラフルなデザインが人気です。

「老舎茶館」で見かけた蓋碗。色鮮やか。

飲むお茶の種類

北京の気候と土壌は茶樹の栽培に向かないため、お茶はほとんど外地から運ばれます。北京で最も飲まれているお茶はジャスミン茶です。その理由には3つの説があります。

①交通が不便な時代に南方から運ばれる間に茶葉が変質することが多く、香りの高いジャスミン茶だけが美味しく飲めたから。

②北京の水は硬質なため、香りの高いジャスミン茶によく合った。

③煎持ちの良いジャスミン茶が、大碗茶に最適だった。

＊中国茶は1度抽出して飲んだら終わりではなく、2煎3煎とお湯を足して何度も淹れて楽しむのが魅力の1つです。この抽出回数が多いことを「煎持ちが良い」「煎がきく」などと表現します。

茶館のスタイル

伝統的な北京式茶館には、以下のものがあります。

● 書茶館　説話（伝統話芸の1つ）を聴く茶館
● 劇茶館　京劇を見る茶館
● 清茶館　お茶とお菓子のみ提供する茶館
● 野茶館　観光スポットなどにある露天の茶館
● 茶酒館　お茶とお酒、食事を提供する茶館

趣ある「老舎茶館」の入り口。明の時代から多くの商店が集う前門大街にあり、地域一体を含めて歴史を感じることができる。

北京の茶館、いろいろ

北京伝統茶館を
体験するならはずせない店

◇◇◇◇◇◇◇◇◇◇◇

老舎茶館（前門店）

1979年創業。大碗茶を提供する露天の店から始まり、1988年に民俗文化茶館としての営業を開始した。店名は『茶館』という話劇を書いた劇作家のペンネーム「老舎」に由来する。入り口では店小二（ボーイさん）の格好をした店員が北京方言で、2分銭（1円にもならないような安い金額）1杯の「大碗茶」を売る店で、観光客も安心して楽しめる。書茶館、劇茶館、餐茶館、野茶館の集合体であり、お茶とともに京劇や相声（漫才）などの伝統芸能を満喫したい。お土産の販売も。

住所　北京市西城区前門大街正陽市場三号楼老舎茶館

近代中国の息吹を感じる
老舗茶館

◇◇◇◇◇◇◇◇◇◇◇

来今雨軒茶舎

「今雨」とは杜甫の詩『秋述』に由来していて「新しい友達」を指す。つまり「来今雨軒」は「新しい友達が集う場所」。実際に李大釗、魯迅、葉聖陶、林徽因、斉白石など中華民国時代の著名人が多く通う知識人たちの社交場だった。食べ物も人気で、冬菜包子（漬物餡のまんじゅう）、桃酥（くるみクッキー）、豌豆黄（エンドウ豆のようかん）、ジャスミン茶が名物。『魯迅日記』によると魯迅は60回以上ここに通ったようで、食にうるさい魯迅がこの店の冬菜包子を気に入ったということは広く知られており、今でも多くの人がそれを目当てに訪れる。

住所　北京市東城区中華路4号中山公園内

二十四節気に合わせた
スイーツが人気

◇◇◇◇◇◇◇◇◇◇◇

元古本店（箭敞店）

創業は2016年。開店当初より新中式の茶館として話題を集め、現在は上海、成都にも店を展開している。季節に合わせたライフスタイルを提案する、中式アフタヌーンティーとお酒のお店。本店は胡同の奥にある静かな一軒家で、二十四節気に合わせたスイーツが人気。食材だけでなく、見た目からも季節を想起させるメニューが評判を呼んでいる。空間や内装は現代的で、日本のデザインも参考にしているように感じる。店内には器や工芸品の展示もあり。

住所　北京市東城区箭廠胡同34号

北京でお茶を買うなら

呉裕泰（北新橋総店）

1887年（光緒十三年）創業の、500店舗以上を展開する中国茶販売のチェーン店。目玉商品はジャスミン茶。近年はお茶のクッキー、月餅、ミルクティー、お茶味のアイスクリームなどの開発にも積極的に取り組んでいる。ジャスミン茶・抹茶味のアイスクリームが人気で話題に。

> 住所　北京市東城区東四北大街44号

馬連道茶葉街

馬連道茶城をはじめ、黄山茶城、北京国際茶城、格調茶城、紫荊茶城、天福緑茶城など数十のお茶市場からなる町。全国各地から1000軒以上の茶葉販売業者が集まっており、「ここで買えないお茶はない」といえるほどの規模がある。全て回ろうとすると数日かかるが、違いがよくわからず必ず途中で挫折するのでおすすめしない。茶葉の値段も1kg数十元〜数万元まで幅広く、観光気分で行くにはなかなかハードルが高い。信頼できるアテンダントと行けば、茶葉や茶器の購入はもちろん、試飲、茶藝の鑑賞、お茶についての勉強もできる場所。

> 住所　北京市西城区馬連道路周辺

張一元（総店）

1900年創業の、呉裕泰と肩を並べる老舗。今も昔風のパッケージが残っている。全国に31もの生産基地を持ちさまざまな茶類を取り扱っているが、中でも同店のジャスミン茶の製作技術は中国の無形文化財に指定され保護されている。ユネスコの無形文化遺産の構成要素にもなっている。

> 住所　北京市西城区大柵欄街22号

上／前門大街の西側に位置する大柵欄街の様子。こちらも明・清代から続く古い商店街で、茶葉専門店の「張一元」もここに。左下／「張一元」のレトロな紙包み。右下／茶葉専門店には茶器もさまざまに揃う。

上海

しゃんはい
Shànghǎi

上海へのアクセス

日本から：東京（羽田・成田）から飛行機で上海（虹橋・浦東）まで約3時間半
中国国内：北京から高速鉄道で約4時間半、飛行機で約2時間

今ではコーヒー都市の上海。かつては茶館の文化が盛んだった

商業と金融の中心地・上海市は、今ではお茶よりコーヒーの文化が濃い都市といえます。コーヒー店は数で見ればニューヨークやロンドンをも上回るとか（2022年8月時点）。近代にいち早く海外文化に触れた歴史を持ち、国際都市かつ経済都市である上海の生活リズムは他の地域に比べて速く、のんびり味わう中国茶よりサッと飲んで満足感を得られるコーヒーの方がフィットしているのかもしれません。

伝統的な茶館

すっかりコーヒー文化が主流となった上海ですが、中華民国初期までは茶館文化も盛んだったようです。当時の茶館は政財界などの人々のための茶館と庶民の茶館、2つに分けられます。前者は市街地や租界（外国人居留地）、庭園に位置するものが中心で、内外装にも手がかけられ個室が設けられています。後者は路地にある小規模なものでした。

新中式茶館

「新中式」とは伝統的な中国のテイストを現代的に再構築した、建築設計や内装などのスタイルを指すコンセプトのことです。現代的な新中式茶館はおもに商業地域に続々と誕生（そして続々と閉店も）しています。

お茶文化を媒体にした文化体験館

生活リズムの速い上海では、スピードの速さに疲れてしまう人も少なくありません。そんな状況に対するアプローチとして、お茶を媒体として五感を研ぎ澄まし、自分に向かうというコンセプトの茶館も生まれています。

上海の茶館で飲まれるお茶

異文化受容力の高い都市だからか、それとも単純に大消費地だからか、中国各地のお茶が飲まれているようです。たとえば、安徽省の祁門紅茶、黄山毛峰、福建省の武夷岩茶、鉄観音、正山小種、白牡丹、白毫銀針。江蘇省の碧螺春、浙江省の安吉白茶、西湖龍井、雲南省の普洱茶など。いずれも上海の茶館で見られるお茶です。

上海の茶館、いろいろ

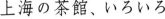

民国時代の洋風建築を改築した
新中式茶館

隠渓茶館（恒隆店）

2015年に発足し、全国で30以上の店舗を展開する新中式茶館。店舗ごとに内装に特徴があり、この恒隆店は上海民国時代の赤煉瓦の洋風建築を改築したもので、民国の風情が漂う。完全個室でデートにも商談にも最適。プロジェクターの貸し出しもあり。

住所　上海市静安区南陽路134号

心斎習茶所

忙しさで平常心が失われてしまった時にここに来てお茶を淹れると、目の前のことだけに集中して心が整理され、豊かな時間を過ごせる。

住所　上海市安西路23弄32号

上海に現存する中で最も古い茶館

湖心亭

上海中心部にある超有名観光スポット「豫園（よえん）」の一部にある茶館。建物自体は1784年に建てられ、1855年に茶館に。160年以上の歴史を持った上海現存の最も古い茶館として、上海の歴史文化のシンボルになっている。エリザベス2世をはじめ、世界各国の元首をもてなしてきた茶館として海外でも知られる。2階建ての建物は同時に200人以上入ることができ、2階席からは豫園の景色を眺められる。メニューには中国各地の銘茶が揃っていて、「ウズラの卵の烏龍茶漬け」や「干し豆腐」などといったお茶請けもユニーク。

住所　上海市黄浦区豫園路257号

上海のお茶市場

上海大寧国際茶城

1996年に発足した上海初の茶葉市場をルーツとする大寧国際茶城には300以上の店舗が入居。「質量管理体系認証」を取得した茶葉市場で、初心者でも安心して購入できる。

住所　上海市静安区共和新路1536号
　　　上海大寧国際茶城

蘇州へのアクセス

日本から：東京（羽田・成田）から飛行機で上海（虹橋・浦東）まで約3時間半
中国国内：上海から高速鉄道で約30分、高速バスで約3時間

蘇 州

そしゅう
Sūzhōu

卵を孵すがごとく、ゆっくりまったりと茶を愉しむ

長江の南、上海から150kmほどのところにある蘇州市は、春秋時代に呉の都が置かれた古都です。西部には碧螺春の産地洞庭山を擁する太湖、中央部には上海蟹で知られる陽澄湖があります。運河による水運が生活に溶け込む蘇州は「東洋のヴェニス」とも呼ばれます。「上有天堂、下有蘇杭（上に天国があり、下には蘇州・杭州がある）」という言葉があるほどに、美しく豊かな土地として知られています。

孵茶館

蘇州には茶館へ行くことを表す「孵茶館」という言葉があります。「孵」はまさに「卵を孵す」という意味で、蘇州人が茶館でゆっくりまったりと腰を落ち着け時を過ごす様子を表しています。

茶館と庭園

「江南園林甲天下、蘇州園林甲江南（全国の中では江南地区の庭園が最も良く、江南地区においては蘇州の庭園が一番良い）」という言葉があり、多くの蘇州庭園には茶館が開設されています。留園にある冠雲楼、耦園の双照園、芸圃の延光閣などが知られています。景色を堪能し、庭園内の茶館で一息。蘇州らしいお茶の楽しみ方です。

茶館と評弾

評弾と茶館の組み合わせは、清末期民国初年頃から続いてきたスタイルです。評弾は、楽器を弾きながら蘇州方言で古典小説や民間物語を語る蘇州の伝統演芸です。多くの場合、男性1人女性1人の組み合わせで、男性は主演者として三弦を弾きながら語り、女性が琵琶を弾きます。評弾を楽しめるお店としては、南園茶社と琵琶語評弾茶館がよく知られています。

評弾や蘇州の伝統楽器の演奏を楽しめる茶館「南園茶社」にある舞台。舞台の周りには机と椅子が配されていて、お茶を飲みながらゆったり鑑賞できる。

蘇州の茶館で飲まれるお茶

蘇州の茶館で多く飲まれているのは同地産の緑茶、碧螺春です。そのほかには同じ江南地域の西湖龍井と安吉白茶などがあります。

「南園茶社」の茶葉コーナー。「碧螺春」と「西湖龍井」の地元産の茶葉缶だけ特大サイズ。

蘇州の茶館

「江南第一茶楼」と呼ばれる、
評弾も楽しめる茶館

南園茶社

1989年に創業した蘇州の有名な水郷古鎮「同里」にある代表的な蘇州式茶館。「南園茶社」の真ん中の二文字を消すと「南社」になり、「南社」は辛亥革命時期の江南の有名な進歩的文学団体で、「南園茶社」も一時的に革命活動の拠点として使われていた。茶館では今でも昔ながらの老虎灶_{フーザオ}でお湯を沸かして、竹編みの保温瓶でお湯を足す。お茶菓子として江南の名物「袜底酥（靴の中敷きの形をしているお菓子）」やヒマワリの種などが出されている。２階の席からは江南水郷の景色を満喫でき、評弾や蘇州の伝統楽器の演奏も楽しめる。

> 住所　蘇州市呉江区同里鎮魚行街86号

蘇州でお茶を買うなら

地元に根付いた茶葉専門店

三万昌（観前店）

1855年創業の老舗。創業初期は茶館として営業をしており、「吃茶三万昌，撒尿牛角浜（お茶を飲むなら三万昌、おしっこをするなら牛角浜）」という言葉があるほど、蘇州で有名な茶館だったそう。看板商品はやはり地元の洞庭山碧螺春。

> 住所　蘇州市姑蘇区観前街121号

杭州

こうしゅう
Hángzhōu

杭州へのアクセス

日本から：東京（羽田・成田）から
飛行機で上海まで約3時間半
中国国内：上海から高速鉄道で約
45分、高速バスで約3時間

美しい景色と空間に包まれて、中国の茶文化を体感

長江デルタに位置する浙江省の省都杭州市は、江南運河の南側の終着点として古くから経済文化が発達し、現在では大手IT企業アリババグループが拠点を構えています。長い中国の歴史においても文学、芸術、科学技術が大きく花開いたといわれる南宋時代の都（当時の名称は臨安府）でした。中国緑茶の代名詞ともいえる龍井茶の産地でもあり、多くの文人たちによって杭州の茶館文化の礎が築かれました。

風雅な杭州茶館

杭州の茶館を訪れると、お茶へのこだわりはもちろんのこと、お茶と景色や空間との調和を重視していることを感じます。美しい風景とともにお茶を楽しめるように景色の良いスポットに立地しており、西湖周辺や運河の沿岸には茶館がいくつもあります。

提供されるものもお茶と食事以外にお茶のセミナー、茶藝パフォーマンス、書などのイベント、芸術品展示など、多彩な文化体験ができるのも杭州茶館の魅力です。「〇〇茶書院」「〇〇茶空間」と名付けられた茶館が多く、屋号からも茶館が空間デザインや文化的な側面を大切にしていることがうかがえます。

杭州の茶館が空間や景観などの美意識と文化的な側面を大切にする背景には、南宋の都、臨安府が置かれたことの影響が大きいように思います。宋代は武官より文官を重視する「重文軽武」の時代として知られます。文化政治の中心である杭州には才子が集まり、茶館でお茶を飲み景色を愛で、詩や絵を生み出したのでしょう。

お茶文化と仏教文化

杭州における仏教文化の歴史は長く「東南仏国（東南の仏の国）」と呼ばれています。禅宗を学ぶため宋へ留学した栄西が日本にお茶を広めたとされていますが、それも南宋の都であった杭州が茶と仏教の双方と繋がりの深い地であったことの裏付けといえるでしょう。宋の時代、禅宗の僧侶たちが茶を好んで飲み、茶の効能を知った栄西が仏教の教えとともに日本へ持ち帰ったといわれます。寺でお茶を供する文化は現在の杭州に残っており、寺の茶園で摘まれた茶を楽しむこともできます。この時代に中国で飲まれていたお茶は、日本の抹茶のように粉状に挽いて飲むものだったようです。当時の飲み方に近いものが日本に残り、中国ではその後また異なる製法へと移っていったとされます。日本と中国のお茶の歴史に思いを馳せるのも良さそうです。

杭州の茶館で飲まれるお茶

杭州は龍井茶、径山茶、千島玉葉、雪水雲緑、天目青頂、九曲紅梅など多くの名茶の産地です。さらに茶処である浙江省の中心都市らしく安吉白茶、開化龍頂なども楽しまれます。また杭白菊という菊の花のお茶も有名です。

西湖を望む「湖畔居」の一室。

杭州の茶館、いろいろ

西湖を眺めながらお茶を楽しめる、
地元民が愛する茶館

湖畔居（花港店）

1998年創業、浙江省産のお茶を中心に品揃えする高級店で、おすすめのメニューは杭州の名物「西湖藕粉」。レンコン澱粉をお湯で溶き、ナッツ、ドライフルーツをトッピングして食べる、どろっとしたテクスチャーの甘味。露天の席で西湖の景色を楽しめる。荷花酥、龍井茶酥は『舌尖上的中国』という中国料理を紹介するドキュメンタリーで取り上げられた。

（住所）　杭州市楊公堤10号花港公園内

お寺の中の茶館

福泉茶院

永福寺の中にある静かな店。綺麗で明るい店内には仏像や仏の画像が飾られていて、テーブルには植物も置いてある。メニューには緑茶、紅茶、烏龍茶、普洱茶、養生茶などがあり、永福寺内で作られた龍井茶も提供されている。お茶だけでなく、素食（ベジタリアン料理）も味わえる。露天の席ではリスを見かけることも。

（住所）　杭州市西湖区霊隠路法雲
　　　　　弄16号永福寺内

お茶の香りが溢れるドリンクスタンド

哈茶福（浜江天街店）

浙江省温州市発祥の店。店名は温州方言で「喝茶嗎（お茶を飲みますか）」という意味。明るい店内の長いカウンターにたくさんの種類のお茶が並ぶ。工夫式で淹れるお茶のほかに、ミルクティー、フルーツティー、お茶菓子などがある。内装やパッケージデザインはポップだが、工夫式で温度と抽出時間を厳格に守り、美味しさを追求している。

住所　杭州市浜江区江漢路1515号
　　　龍湖杭州浜江天街F5-5F-31室

杭州を代表するビュッフェを楽しめる

青藤茶館（南山路店）

1996年、西湖周辺に1号店を創業し、現在では6店舗まで規模を拡大した人気の茶館。茶菓子と小吃（軽食）がビュッフェ形式で提供されている。読経、お茶会、茶壺作りなどのイベントも開催される。

住所　杭州市上城区南山路278号

成 都

せいと
Chéngdū

成都へのアクセス

日本から：東京（羽田・成田）から
飛行機で成都（双流・天府）まで約
5時間
中国国内：上海・北京から飛行機で
約2時間半、上海から高速鉄道で約
11時間

茶を飲んで思い思いに日がなのんびり過ごす。甘露の原点がここに

三国時代の蜀の都で、現在は四川省の省都である成都市。四川料理やパンダで知られるこの街は、中国全土で茶館が最も多い都市だといわれています。茶館といっても公園や寺院内のいわゆる青空茶館が中心です。成都には「成都大茶館，茶館小成都（成都は大きな茶館であり、茶館は小さな成都である）」という言葉があるほど。成都を訪れた際にはぜひ茶館へ足を運んでください。成都人の日常を体感できます。

蓋碗

今、中国全土で使われている蓋碗（p.86）は、唐の時代に成都で生まれたとする説があります。蓋と碗と茶托がセットになった、とても使い勝手の良い茶器です。この蓋碗、成都の茶館では客とスタッフのコミュニケーションツールとしても使われます。蓋碗の蓋を開けてトレイに置くと、スタッフがお湯を足しに来ます。席を外す際は蓋碗を椅子に置きます。蓋を逆さまに蓋碗の本体の上に置けば、飲み終わったので片付けてください、という合図になります。

ロンググラス

成都では緑茶と緑茶ベースの花茶がよく飲まれます。茶葉の美しさも重視される緑茶を目で楽しめるように、ロンググラス（p.85）もよく用いられています。

青空茶館

青空茶館とは成都の大きな公園、お寺、あるいは団地近くの道端にある露天の茶館のことで、成都市民の憩いの場所です。青空茶館は開かれた空間で、食べ物を持ち込んだり

耳かきや靴磨きといったサービスを受けることもできます。茶館に行くとまず受付で料金を払い、好きな茶葉と蓋碗を受け取ります。それを持ってあいた席に腰掛け、持ち込んだ果物やお菓子をつまみながらおしゃべりをしたり読書をしたり、まさにだらだらと時間を過ごします。1日中ここにいるのでは？　と思えるような人たちがたくさんいます。この「お茶を飲んでのんびり過ごす時間の素敵さ」は、甘露がお届けしたいと願っていることの1つです。

麻雀

麻雀をする音が響く都市とも呼ばれる成都では、麻雀ができる茶館も多くあります。茶館と雀荘の境目が曖昧で、看板に「〇〇茶館」と書いていても入ったら実際は雀荘、というようなところも多くあります。

成都人がよく飲むお茶

ジャスミン茶（碧潭漂雪、三花茶、花毛峰）、竹葉青、蒙頂甘露、蒙頂黄芽、青城雪芽、仙霧鳳茗、菊花、金銀花など。

青空茶館「鶴鳴茶社」での一幕。晴れた日の池を望む露天席は、とびきり心地良い。

成都の茶館、いろいろ

成都「青空茶館」の代表格

鶴鳴茶社

成都市の中心部、人民公園の中にあり成都のシンボルとしても知られる鶴鳴茶社は、成都人だけでなく観光客も多く訪れる。1920年代はじめ頃に建てられてから100年以上の歴史を持ち、同時に3,000人以上が入れるともいわれる規模で、まさに成都の青空茶館を代表する場所。

（住所）　成都市青羊区祠堂街人民公園内

寺院内の茶館で素食を

大慈茶社

太古里という商業施設に囲まれた「大慈寺」という古刹の中にある茶館。室内と露天の席の両方がある。露天の席から屋根を通して摩天楼を眺めると、まるでタイムスリップしたような不思議な感覚に。お寺の素食（ベジタリアン料理）もおすすめ。

> 住所　成都市錦江区大慈寺路23号

成都の魅力を一気に楽しめる

順興老茶館

立派な入り口から入ると、広いスペースと洗練された空間に圧倒される。お茶の席とレストランが分けられていて、茶席は代表的な四川省の伝統茶館でよく見かける竹椅子で、料理を食べる席は円卓。メニューにも四川省の代表的なお茶、小吃、一品料理などが満載。食事をしながら川劇や茶藝などの四川省の伝統芸能も楽しめる。

> 住所　成都市武侯区世紀城路新会展中心166号附22号

成都のお茶市場

大西南茶城

成都で一番大きな茶葉市場。ほかの茶葉市場と同じように中国全土のお茶、茶器、茶道具が購入できる。

> 住所　成都市金牛区賽雲台西一路6号附1号

100年前の中国を感じるフォトジェニックな老茶館

観音閣茶館

成都市街から20kmほど離れた双流区にある伝統的な茶館。お客さんはお年寄りが多いが、写真を撮りに来ている若者の姿もチラホラ。店内には「お茶10元、お茶＋写真撮影10元、写真撮影10元」といった張り紙も。店内の雰囲気は素晴らしく、昔の中国を感じさせてくれる。

(住 所)　成都市双流区馬市堰街23附1号

広州

こうしゅう
Guǎngzhōu

広州へのアクセス

日本から：東京（羽田・成田）から
飛行機で広州まで約5時間半
中国国内：上海から飛行機で約2時間、香港から高速鉄道で約1時間

朝から飲茶でゆとりの時間を

広東省の省都広州市は、お茶の1人当たり消費量が中国で最も多いといわれています。そんな広州では朝、人と会うと「今日飲咗茶未？（今日はお茶を飲みましたか？ ※広東語）」と挨拶するのだとか。広州は1年中暑く湿度が高いこともあり、食養生に対する関心が高い地域です。お茶を飲むことも、日々の養生の一習慣のようです。かつて中国の貿易活動はすべて広州港を経由して行われていました。全国各地のお茶が広州に集まり世界各地へ輸出されたことは、広州のお茶文化が盛んになる要因の1つとも考えられます。

飲茶（ヤムチャ）

飲茶とはお茶を楽しみながら点心を食べることを指します。「ヤムチャ」という発音それ自体が広東語ですが、広東語には「嘆早茶」（タンゾウツァー）という言葉があります。「嘆」は楽しむという意味で、茶楼（広東省では茶館でなく茶楼と呼ぶのが一般的）でゆっくり時間を過ごす様子を表しています。

人気の茶楼には開店前から行列ができます。平日の朝から茶楼で時間を過ごすお客さんはお年寄りが中心になり、休日には家族連れや若者同士で飲茶を楽しむ姿が見られます。

広州の茶楼には「茶位費」があります。「茶位費」はお茶代として取られ、店ごとにお茶の種類により1人当たりの金額は異なります。出されるお茶はそれほど良いものではないためお茶を持参して飲茶に行く人も少なくありませんが、その場合も「茶位費」は取られます。日本の居酒屋の「お通し」のようなものでしょうか。

そして飲茶といえば点心を忘れてはいけません。点心には蒸し物、揚げ物、煮込みなど、たくさんの種類があります。その中で「四天王」といわれるのが蝦餃（エビ餃子）、叉焼包（チャーシューまん）、焼売（シュウマイ）、蛋撻（エッグタルト）です。「一盅両件」というように、お茶1種類と点心2種類で1日を始めるのがちょうど良いとされています。なお点心とは、ちょっとした食事というような意味の言葉で、日本でいう塩気のあるおかずのみを指す言葉ではなく甘いものも含まれます。

飲茶でよく知られているお店には、陶陶居（p.42）、南園酒家、北園酒家、大同酒家、畔溪酒家、点都徳などがあります。

蝦餃（エビ餃子）、叉焼包（チャーシューまん）、そしてお茶で「一盅両件」。「陶陶居」にて。

クラシカルなカラーガラスの向こうには、歴史上の文化人も足繁く通ったという広州の名店「陶陶居」の店内が広がる。

陶陶居（第十甫路総店）

1880年（光緒6年）創業、140年以上の歴史を持つ「中華老字号」（中国政府が認定した老舗の企業や店舗などの称号）の1つ。看板の「陶陶居」の字は清朝末期から中華民国時代の政治家康有為によるもの。魯迅、巴金など歴史上有名な文化人もよく訪ねたといわれている。4階建ての立派な嶺南風の建物で、1階には焼き菓子を売るところも。メニューは点心、主食、スープ、スイーツまで、豊富な品揃え。広州指折りの飲茶の老舗で、いつも地元の人で混雑している。

住所　広州市荔湾区第十甫路20号

「陶陶居」の店内。お昼前にはすでに大賑わい。

新中式茶館

経済が飛躍的に発達し若者が集まる深圳市に近いということもあり、若者のニーズに合わせた茶館も増えています。深圳発の「tea'stone」や広州の「龍醇古茶」という茶館が商業施設内にオープンして話題になりました。クールな内装に伝統的な中国の要素がミックスされているのが新中式らしいところです。茶器やお菓子は写真映えするビジュアルで、お茶のセレクトにもこだわっているようです。商談の場所としても使いやすく、ビジネスマンにも人気があります。これらのお店は24時まで営業しており、夜の時間の選択肢を増やしました。

広州の茶樓でよく飲まれるお茶

飲茶のお店でよく出されるお茶は、普洱茶です。点心を食べながら飲むので、脂を流すと言われる普洱茶が好まれるのでしょう。煎がきくため、食事しながらのおしゃべりにもピッタリです。それ以外にも菊花茶、鉄観音、大紅袍、寿眉あたりがよく見られます。
そのほか、単欉系の烏龍茶、普洱茶、雲南紅茶、正山小種、白茶など広東省、福建省、雲南省産のお茶が愛飲されています。

広州のお茶市場

芳村茶葉市場（広東芳村茶葉城）

中国最大規模の茶葉市場で、店舗数は1,000以上。茶葉、茶器、茶道具のお店が混在していて、基本は問屋だが小売もしている。試飲と値段の交渉も可能。

（住所）　広州市荔湾区芳村大道中508号

広州の茶館、いろいろ

広州発祥の新中式茶館

龍醇古茶

CBD（Central Business District：都市の主要なビジネス地区・商業地区）に位置する。天井の高い明るい室内に、伝統的な中国の生薬の店をイメージしたデザインでお茶が壁一面並ぶ。単欉系烏龍茶、大紅袍、正山小種などやや値段が高めのお茶とともにタルト、チーズケーキ、クッキーなど洋風のお菓子が楽しめる。伝統と現代のスタイルをうまく融合した店。

（住所）　広州市天河区華穂路6号

レトロな西関風情

瑞豊茶館

レトロな2階建ての建物。2階には和室もあり（和室の利用は要予約）、伝統的な中国の建物だが日本の影響も強く受けている。紅茶、白茶、烏龍茶、緑茶、黒茶、花茶など豊富な品揃えで、人気の菓子はロールケーキ。綺麗な空間で豊かな時間を過ごすことができる。

（住所）　広州市秀越区新河浦路54-1号

潮 州

ちょうしゅう
Cháozhōu

潮州へのアクセス

日本から：東京（羽田・成田）から潮汕空港（潮州への最寄り空港）まで飛行機（乗り継ぎ1回）で約12時間
中国国内：上海から高速鉄道で約9時間、飛行機で約2時間。広州から高速鉄道で約3時間

人々の暮らしにお茶が溶け込む街

広東省の東端、福建省と隣接する位置にある潮州。福建省などで話される閩南語の方言である潮州語を話し、文化的には福建省南部に近いとされています。国家歴史文化名城として保護対象とされる歴史的都市であり、多くの華僑を輩出した地としても知られています。そしてなにより潮州といえば鳳凰単欉という烏龍茶と、中国を代表する茶藝の1つである潮州工夫茶を抜きに語ることはできません。大都市でも観光名所でもありませんが、中国茶が好きになった皆さんにはぜひ一度訪れてほしい都市です。

潮州人の楽しみ方

潮州では街の至る所で茶を飲む人たちを見かけます。たとえば人気の牛雑湯（牛モツスープ）の店先。ランチタイムのピークが過ぎた頃、店先の茶盤で茶を淹れ、タバコで一服つける店員さんの姿がありました。この街では人々の暮らしにお茶が溶け込んでいるのだと感じます。市街地には茶荘（茶葉販売店）があり、鳳凰単欉を試飲、購入することができます。観光客向けの茶館では中華民国時代の歌や琵琶の演奏、潮劇を観ながら茶を楽しめるところもあります。薄味で素材の味を引き出すアプローチが中心の潮州料理は、日本人の口にも合うように感じます。小吃も豊富で観光案内とともに"潮州小吃"を紹介するパネルが掲示されており、実際にいくつかを試してみました。そのうち鴨母捻は、甘露のメニューにも採用されています。

鴨母捻は「皮を剥いたライチの如し」と称されるつるんと白い湯圓（もち米で作った団子）のおやつ。専門店もある。

潮州の街にはお茶を楽しむ人やお茶屋さんがそこかしこに。

潮州の茶館、いろいろ

妙なる音色と茶を楽しむ

載陽茶館

民国時代の歌、潮劇、琵琶や古琴の演奏、潮州工夫茶の茶藝を観ながら茶を飲める場所。

(住所) 潮州市湘橋区英聚巷6号

静けさの中でゆっくりと

汝南茶舎

門をくぐれば中庭といくつかの個室の茶席が。茶葉の購入もできる、静かでとても落ち着ける茶館。

(住所) 潮州市湘橋区義井巷9号

おしゃれなティーショップ

喜心斎工夫茶

牌坊街という潮州古城のメインストリートに位置する。茶器や茶葉も販売するおしゃれなお店。

(住所) 潮州市湘橋区牌坊街449号

西北

せいほく
Xīběi

西北地域へのアクセス

日本から：東京（羽田・成田）から
飛行機で西安まで約5時間
中国国内：上海から西安まで飛行機
で約2時間半、高速鉄道で約7時間
北京から西安まで飛行機で約2時間、
高速鉄道で約6時間
北京から蘭州まで飛行機で約3時間
半、高速鉄道で約9時間

茶樹が育たない厳しい環境下で愛されてきたお茶

中国の西北地域には陝西省、甘粛省、青海省、寧夏回族自治区、新疆ウイグル自治区の3つの省と2つの自治区が含まれます。乾燥がちな気候で冬は寒く、茶樹の栽培には適さない地域が大半です。茶葉が貴重な地域ということもあり、西北地域では八宝茶（p.75）や黒茶（茯磚茶など）がよく飲まれています。

八宝茶

なつめ、クコ、龍眼、ゴマ、干しブドウや干しリンゴなどのドライフルーツ、漢方食材、菊や玫瑰などの花、氷砂糖を組み合わせて淹れるお茶です。茶葉は入れたり入れなかったりします。蓋碗で飲むことが多く、八宝茶のことを三泡台（蓋碗の別称）とも呼びます。甘露で出している八宝茶は、茶葉を入れないノンカフェインタイプです。

罐罐茶（グァングァンチャー）

材料は八宝茶と似ていますが、材料を先に炭火（電気コンロの場合も）の上で燻して、香りが出たらやかんに入れて茶葉を加え、お湯を注いで沸かします。西北の農村地域では、朝起きたらまず茶葉をやかんに入れて沸かし、朝ごはんを食べながらお茶を飲む習慣があります。

西北の茶館

時間の流れがゆっくりな西北農村の雰囲気を体験できる

馬芸馨茶館

西北の農村生活の雰囲気を再現した店内で、竹の椅子に腰掛けてBGMの秦腔（西北の伝統的な演劇）を聴き、お茶を飲むことができる。中国西北の風情を満喫できる茶館。

住所　寧夏回族自治区銀川市金鳳区建発大閲城観光夜市1F-001号

台　湾

たいわん
Táiwān

台湾へのアクセス

日本から：東京（羽田・成田）から
飛行機で台北（松山・桃園）まで約
4時間

大陸から入って独自に発展した台湾茶と茶藝に触れる

台湾のお茶は1800年代初期に福建省からもたらされた茶樹を元に栽培が始まったとされています。山がちな地形を活かして独自の進化を遂げ、凍頂烏龍茶や東方美人など日本でも人気のお茶を産出。1970年代後半に中国の伝統的な工夫茶などをベースに茶藝を考案し、茶文化を広めた歴史があります。日本でも流行したタピオカミルクティーしかり、新しい価値を生み出す土壌が台湾にはあるのかもしれません。

台湾の茶藝

1970年代後半から1980年代にかけて台湾において茶文化のブームがありました。清代頃までに成立した伝統的な作法に茶海と聞香杯という新たな茶道具を加えて、台湾茶を美味しく飲むための作法・茶藝が生まれました。茶海は抽出したお茶の濃さを一定にするためのピッチャー状の器で、聞香杯は台湾青茶（烏龍茶）の香りを楽しむための杯です。そうして生み出された台湾の茶藝は大陸へと渡り、大陸全土に広がっていきました。

台湾の茶館・茶藝館でよく飲まれるお茶

台湾の茶館・茶藝館では高山烏龍茶をはじめ東方美人、凍頂烏龍茶、日月潭紅茶など台湾のお茶が飲まれています。

台湾の茶館、いろいろ

現代台湾茶藝館の草分け

紫藤廬

1920年代に建てられた日本式の木造家屋。1960年代には文化人たちが集うサロンとしての役目を果たし、1981年に茶藝館「紫藤廬」としての歴史をスタートした。歴史的建造物のレトロな雰囲気に囲まれて茶藝を楽しもう。

住所
台北市大安区新生
南路三段16巷1号

台湾茶を世界に輸出した地で歴史を体感

新芳春茶行（台湾茶博物館）

1934年に建てられた住居兼製茶工場の洋風建造物がリノベーションされて台湾茶の博物館として公開。歴史を感じる建物には茶商の生活と製茶工場の様子が再現されている。懐かしいテイストのお茶グッズには、目移りしてしまう。

住所
台北市大同区民生
西路309号

喝杯茶，休息一下

知ればもっと楽しい！　お茶にまつわる中国語会話

本書を読んで中国に行こう！　と思った時に、まず心配になるのが言葉の壁かもしれません。
そこで、中国でお茶を買ったり飲んだりする際に使う表現をなるべくシンプルにまとめてみました。
なお、中国語を話す際は「声調」（音の高低、アクセント）が異なると通じないので、カタカナ表記ではなく
ピンイン＋声調記号で記載しています。
より詳しく知りたい方は、中国語学習の本を読んでみてくださいね。

 お茶を買いたい！

おすすめのお茶を教えてください。

请问有什么推荐的茶吗?

Qǐngwèn yǒu shénme tuījiàn de chá ma?

一言メモ　疑問詞に「请问」を入れることで、より丁寧で失礼のない表現になります。

**自分で飲むための、
お土産用ではないお茶が欲しいです。**

我买来自己喝,
有没有包装简易一点的呢?

Wǒ mǎilái zìjǐ hē,
yǒu méiyǒu bāozhuāng jiǎnyì yīdiǎn de ne?

一言メモ　はじめて中国でお茶を買う時、パッケージなど見た目に惑わされることもあるでしょう。しかし包装は商品の質と直接関わりはありません。もちろんお土産用に買う場合、豪華な包装をした商品を選ぶことをお勧めします。

試飲できますか?

请问能试喝吗?

Qǐngwèn néng shìhē ma?

一言メモ　「能○○吗?」は「○○をしても良いですか?」「○○をすることができますか?」という表現です。たとえば「请问能拍照（pāizhào）吗?」なら「写真を撮っても良いですか?」という意味になります。

このお茶はいくらですか?

这个茶怎么卖呢?

Zhège chá zěnme mài ne?

一言メモ　中国では茶葉は箱や袋で販売する場合も、量り売りの場合もあります。直接1個／1斤（500g）いくらですかと聞くより、どう売っていますかと聞く方がどの場面でも対応できます。

シーン2　お茶を飲みたい！

これを１つください（注文したい）。

我想要一个这个。

Wǒ xiǎng yào yīge zhège.

一言メモ　レストランで注文する時にも、買い物する時にも使える便利なフレーズです。

お湯のおかわりをお願いします。

可以帮忙添一下水吗？

Kěyǐ bāngmáng tiān yīxià shuǐ ma?

一言メモ　中国ではお湯も水も「水」。冷たい水と区別する場合には「热水（rèshuǐ）」と言います。茶館ではわざわざ「お湯（热水）」と言わなくても「水」と言えばお湯を足してくれます。

テイクアウトはできますか？

请问能外带/打包/带走吗？

Qǐngwèn néng wàidài/dǎbāo/dàizǒu ma?

一言メモ　外带と带走は、いずれも日本でいう「テイクアウト」と同じ概念の言葉です。打包にも「テイクアウト」の意味がありますが、食べきれなかった食事を持ち帰るという意味でよく使われる表現です。

トイレはどこにありますか？

请问卫生间/洗手间怎么走？

Qǐngwèn wèishēngjiān/xǐshǒujiān zěnme zǒu?

一言メモ　中国の公衆トイレには、トイレットペーパーが置いていない確率が高いので、トイレに行く際には必ずトイレットペーパーを持参して行ってください。

このお茶と合う
おすすめのお菓子があれば教えてください。

请问这款茶配什么点心好呢？

Qǐngwèn zhè kuǎn chá pèi shénme diǎnxīn hǎo ne?

一言メモ　「点心」という表現が出てきますが、飲茶の点心という意味ではなくお菓子のことを指しています。

現金／クレジットカード／海外のクレジットカード／は使えますか？

请问可以使用现金/信用卡/国际信用卡吗？

Qǐngwèn kěyǐ shǐyòng xiànjīn / xìnyòngkǎ / guójì xìnyòngkǎ ma?

一言メモ　「クレジットカードは使えますか？」と聞いて「使えるよ」と言うのでカードを出すと、VISAカードでもMasterカードでも「海外のはダメ」と言われてしまうことがよくあります。中国には「銀聯カード（ぎんれん）」というおもに中国の居住者が使うカードがあり、「銀聯カードが使える」という意味での「クレジットカードOK」ということなのでしょう。さらにカードを見て「海外のカードはダメ」と言ってくれるならまだ良くて、グローバルのクレジットカードが使えないのに気づかず何度も機械を通してエラーが出て、首をひねりながらカードを返されることも。さらに最近はWeChat PayやAlipayといった電子決済が普及していますが、中国の銀行口座と紐づける必要があり、旅行者にとって現金以外での支払いのハードルは高いです。

シーン 3 コミュニケーションを深める、プラスの一言

とても美味しいです！

太好吃（食べ物）/好喝（飲み物）了！

Tài hǎochī / hǎohē le!

一言メモ 日本では食べ物・飲み物の双方について「美味しい」で伝わりますが、中国では表現が異なります。食べ物の場合は「好吃（hǎochī）」と言うのに対して、飲み物の場合は「好喝（hǎohē）」と言います。

とても良い香りですね！

好香啊！

Hǎo xiāng a!

一言メモ 「好＋形容詞＋啊！」はとてもシンプルかつ素直に自分の気持ちを表す表現です。たとえば「好美啊！(Hǎo měi a!)」「とても綺麗ですね！」「好棒啊！(Hǎo bàng a!)」「とても素敵ですね！」を使うと相手が喜ぶので、どんどん使ってください。語尾に付けている「啊」は、表現を柔らかくする感嘆詞です。

機会があればぜひまた来たいです。

如果有机会我一定会再来的。

Rúguǒ yǒu jīhuì wǒ yīdìng huì zàilái de.

一言メモ 海外から来たお客さんにこう言われると、お店の人はきっと喜ぶでしょう。

このお店が大好きになりました。

我好喜欢这家店。

Wǒ hǎo xǐhuan zhè jiā diàn.

一言メモ 喜欢は「好き」という意味です。この「お茶が」「本が」「街が」「あなたが」などなど、いろいろな対象物にたいして好意を持っていることを伝えてみましょう。

 シーン 4 お茶に誘おう！

お茶を淹れて差し上げましょう。

我给您泡杯茶。

Wǒ gěi nín pào bēi chá.

一言メモ 中国人の誰もが、家でお茶を飲む時にきちんとした茶器で淹れるわけではありません。広東や福建などのお茶文化が濃い地域以外では、ロンググラスやコップに茶葉を入れ、直接お湯を注ぐことが多いです。

お茶しに行きませんか？

我们去喝个茶吧。

Wǒmen qù hē ge chá ba.

一言メモ 用事を済ませた後など「ちょっとお茶していきましょう」というニュアンスのフレーズです。「コーヒーを飲みに行きませんか」は「我们去喝个咖啡（kā fēi）吧」と言います。

週末／午後お茶しに行きませんか？

你周末/下午想去喝茶吗？

Nǐ zhōumò / xiàwǔ xiǎng qù hē chá ma?

一言メモ LINEやWeChat（中国で一番使われているチャットアプリ）などで（今一緒にいない）友達をお茶に誘いたい時に使うフレーズです。

何茶を飲みたいですか？

你喝什么茶呢？

Nǐ hē shénme chá ne?

一言メモ 什么茶で什么（何の）茶（お茶）という意味なので、たとえば最後の言葉を飲料（ドリンク）とすれば「なにが飲みたいですか？」という意味にもできます。

産地別お茶紹介

中国茶は育ち、作られる場所によってさまざまな個性を持ちます。
それぞれの土地が生み出す中国茶たちを、その産地ごとにまとめました。

浙江省

せっこうしょう / 浙江省
Zhèjiāng Shěng

著名な緑茶「龍井茶」のふるさと

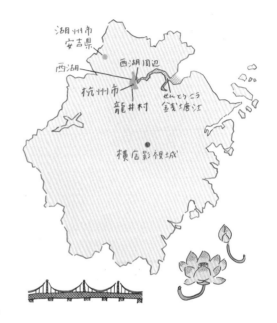

地理的特徴
丘陵地と山地の多い地形で、南西が高く北東に向かって階段状に低くなっている。省内には大小約4,000もの島々があり、中国内では最も多い。省内を流れる銭塘江は別名「浙江」とも呼ばれ、省名の由来ともなっている。杭州湾に注ぐ銭塘江はその独特の地形によって、潮流の関係で年に数日だけ河口付近の流域が大逆流することで有名。

気候
亜熱帯季節風気候で、年間の平均気温は15℃〜18℃。冬の1月の平均気温は2℃〜8℃で、夏の7月の平均気温は27℃〜30℃と、四季がはっきりしている。年間降水量は1,000〜2,200mm程度だが、おもに5〜9月に集中している。

産業
中国で最も経済活動が盛んな省の1つ。機械製造業を筆頭に、繊維・衣料産業、電子通信機器製造、石油化学産業、製薬業などさまざまな産業が盛ん。農業では穀物の生産が中心で、おもな作物は米、小麦、とうもろこし、ジュートなど。

世界遺産
杭州西湖の文化的景観、中国大運河、良渚古代遺跡など。

見どころ・グルメ

● 浙江省東陽市横店鎮には中国ドラマ・映画撮影でおなじみのスタジオ「横店影視城」がある。
● 中国八大料理の1つ「浙江料理」の地。有名なものにトロトロの豚の角煮「東坡肉」や杭州の緑茶を使った「龍井蝦仁」など。

別称：浙（Zhè）
面積：約10万km²（全国第25位）
人口：約6,456万人
省都：杭州市
位置：江南茶区に属する。長江下流域に位置し、東シナ海に面する。北は上海、江蘇省、西に安徽省と江西省、南を福建省と接する。

浙江省のお茶

龍井茶　ろんじんちゃ / 龙井茶　Lóngjǐngchá

ツヤのある明るい緑色で
扁平な形

お茶の類類	緑茶
特徴	中国緑茶の中で最も名の通ったお茶の1つ。歴代の皇帝に愛飲されたお茶としても有名で、とくに清の乾隆帝は専用の茶樹を18株持っていたというほど。龍井茶は原産地域保護の対象となっており、浙江省の一部地域に生産が限定され、西湖産区、銭塘産区、越州産区の3地域で生産されている。手摘みの小さな芽を釜で炒り、鍋底に手で押し付けるようにして作るため、香ばしさとツヤのある平らな形のお茶に仕上がる。龍井茶を評す「四絶」という言葉は、形美（形）・色翠（色）・香郁（香り）・味醇（味）のすべてに優れていることを表す。
味・香り	渋みはなくサラッとした飲み口と香ばしい茶葉の香り
水色の特徴	淡い黄色
おもな産地	浙江省西湖周辺
おもな品種	龍井43、在来種など

安吉白茶　あんきつはくちゃ / 安吉白茶　Ānjí báichá

黄緑色の茶葉で細長い鳳形と
平べったい龍形の2種類ある

お茶の類類	緑茶
特徴	名前に白茶とあるが緑茶である。安吉白茶の品種である「白葉1号」は、一定の条件の下で葉緑素が欠乏する特性を持った突然変異種で、外観が白く見えることから白茶と名付けられた。そのアミノ酸の含有量は一般的な緑茶の2〜3倍と高い。安吉白茶の歴史は浅く、ブランドとしては1990年頃からのスタートだが、独特の味わいや鳳凰のような見た目の美しさから、今では西湖龍井と並ぶほど高値のつく名茶に成長している。
味・香り	うまみと透明感のある口当たり、ふんわりとした茶葉の香り
水色の特徴	透き通ったごく薄い黄色
おもな産地	浙江省湖州市安吉県
おもな品種	白葉1号

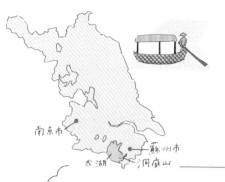

江蘇省

こうそしょう / 江苏省
Jiāngsū Shěng

ふわふわ産毛の「碧螺春」を育む水郷

地理的特徴	中国内で最も標高が低い省の１つで、ほぼ海抜50m未満。多くを平野と水域が占め、その割合が中国１位なことなどから「水郷の江蘇」と呼ばれる。
気候	温帯と亜熱帯の間に位置し、年間の平均気温は13℃〜16℃で四季がはっきりしている。
世界遺産	蘇州古典園林、中国大運河、明・清朝の皇帝陵墓群、黄海〜渤海湾沿岸の渡り鳥保護区群など。

別称：蘇 / 苏（Sū）
面積：約10万㎢（全国第24位）
人口：約8,474万人　　省都：南京市
位置：江北茶区と江南茶区をまたぐ。長江下流
　　　域に位置し、東シナ海に面する。北は山
　　　東省、南は上海と浙江省、西は安徽省と
　　　接する。有名な太湖は南部に位置。

江蘇省のお茶

ふわふわとした産毛とくるくると
丸まった浅い緑の小さな芽

碧螺春　へきらしゅん / 碧螺春　Bìluóchūn

お茶の類類	緑茶
特徴	柔らかい産毛に包まれた若い緑（碧）の芽が巻き貝（螺）のような形に整えられることが名前の由来。産毛の豊富さが高品質の証で、産毛の多い春の初めの頃（清明節より前）に茶摘みがされ、その一番茶のみを碧螺春とし、二番茶以降は単なる緑茶としてより廉価で出回る。産地が太湖に突き出た半島である洞庭東山とその周囲の島々という独特な地形であることや、また、果樹が茶樹に覆いかぶさるように同所で栽培するという特徴的な栽培法が日照状況を左右し、うまみや甘みの強い茶葉が育つとされる。
味・香り	うまみと甘み、緑茶には珍しいフルーティな香り
水色の特徴	透き通ったごく薄い黄色に茶葉の白い産毛が踊る
おもな産地	江蘇省蘇州市太湖洞庭山
おもな品種	在来種

個性的な名茶多き黄山擁する東部の省

安徽省

あんきしょう / 安徽省
Ānhuī Shěng

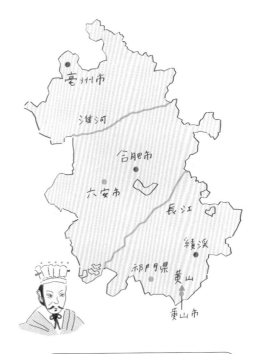

地理的特徴
内陸に位置する平原地帯で平野が約50%を占める。その地形は多様で、北には淮河、南に長江が流れ、地勢は西高東低、南高北低である。

気候
省内を横断して流れる淮河を境に気候が変わる。淮河以北は温帯半湿潤季節風気候に、淮河以南は亜熱帯湿潤季節風気候に属する。年間の平均気温は14℃〜17℃。冬の1月は−1℃〜4℃で、夏の7月は27℃〜29℃。年間降水量は700〜2,000mm程度で南部に多く、夏季に集中する。

産業
資源に恵まれているため多くの産業が発展している。家電産業、自動車製造業、石炭、鉄鋼、銅などを中心としたエネルギー産業などが大きく占める。また国内の主要農業生産地の1つであり、主な作物は米と小麦。

世界遺産
黄山、安徽南部の古村落〜西逓・宏村、中国大運河など。

見どころ・グルメ
● 三国志の英雄の1人である曹操や伝説の名医華佗の出身地、亳州がある。
● 「安徽料理」は中国八大料理の1つで、紅焼調理法の料理が多くあるのが特徴。

別称：皖（Wǎn）
面積：約14万㎢（全国第22位）
人口：約6,102万人
省都：合肥市
位置：江北茶区と江南茶区にまたがる。長江と淮河の中流域と下流域に位置する。北に山東省、東に江蘇省と浙江省、西に河南省と湖北省、南に江西省と接する。奇松や怪石、雲海や温泉で有名な黄山は南部にある。ちなみに黄山に近い績渓から杭州に抜ける道は「徽杭古道」と呼ばれ、シルクロード、茶馬古道に次いで3番目に有名な古道。

安徽省のお茶

一芽二葉で鮮やかな緑色の
大ぶりな茶葉

太平猴魁　たいへいこうかい / 太平猴魁　Tàipíng hóukuí

お茶の類類	緑茶
特徴	スッと伸びた大きく平らな茶葉が個性的な太平猴魁は柿大茶種という地元の在来種から作られる。穀雨前後に一芽三葉（枝先の芽とその下の3枚の葉）で摘まれ、その中からさらに質の良い一芽二葉を選んで製茶する。一芽を2枚の葉で挟み、平たく真っ直ぐで青々とした形に整えるため、上質なものはおもに手作業で作られる。そうして作られた茶葉の表面には1枚1枚を網の上で広げて乾燥させた際にできる網目状の凸凹がつく。外交時の謹呈品とされたこともあり、特に手作りのものは大変希少で高価。
味・香り	繊細でまろやかな口当たりと蘭の花にたとえられる透明感のある香り
水色の特徴	透き通った薄黄色
おもな産地	安徽省黄山市
おもな品種	柿大茶種

六安瓜片　ろくあんかへん / 六安瓜片　Liù'ān Guāpiàn

葉のみで深い緑色

お茶の類類	緑茶
特徴	芽を用いて作ることが質の高い証とされる高級中国緑茶界において、芽を使わず葉のみを用いた珍しいお茶。芽の部分がなく折りたたむように整形された葉が瓜の種に似ていることから命名。茶摘みは穀雨の前後に行われ、一芽三葉で摘んでから芽を取り除く方法と、はじめから狙った葉のみを摘む方法の2通りがある。伝統的に炭火を使い3段階に分けて乾燥するため、香ばしく茶葉の表面に霜が降りたようになり、これが上質さの特徴となる。唐代の頃から名があるといわれる歴史的な名茶。
味・香り	しっかりとしたキレのある味わいと香ばしい香り
水色の特徴	薄黄緑色
おもな産地	安徽省六安市
おもな品種	在来種など

祁門紅茶 きーもんこうちゃ / 祁门红茶　Qímén hóngchá

お茶の類類	紅茶
特徴	中国紅茶の代表的な存在で、スリランカのウバ、インドのダージリンと並んで世界３大高香紅茶の１つに数えられており、紅茶の専門店などでは「キーマン」もしくは「キームン」という名称が付けられることが多い。特徴は「祁門香」と呼ばれる独特の香りで、リンゴや蘭、糖蜜などにたとえられる甘い華やかな香りを持つ。伝統的な祁門紅茶は仕上げの工程で茶葉をカットした「条形」（細長く捻って整えた茶葉の形状を指す）の祁門工夫紅茶（写真）だが、カットしないで仕上げる祁紅香螺や祁紅毛峰もあり、それぞれ味わいや水色などが異なる。
味・香り	心地よい渋みと華やかで上品な糖蜜の香り
水色の特徴	鮮やかで明るい橙色
おもな産地	安徽省祁門県一帯
おもな品種	祁門櫧葉種など

伝統的なものは黒く艶のある
小さな針状

黄山貢菊 こうざんこうぎく / 黄山贡菊　Huángshān gòngjú

お茶の類類	茶外茶
特徴	生薬の一種でもある菊花で作る菊花茶は、中国では昔から頭痛やめまい、目の充血の時などに飲まれる定番の飲み物。菊花には大型と小型があり、中国でお茶としてよく飲まれるのは前者で、上質な「黄山貢菊」は清々しい香りと口に含んだ時の上品な甘さが特徴。小型のものは野菊花と呼ばれ清涼感と苦味があり、日本ではおもに生薬とされる。その味わいは茶葉と相性がよく、緑茶や熟茶などと組み合わせ双方の香りを楽しむことも。同じく目に良いとされるクコと合わせた杞菊茶（p.75）も人気。
味・香り	クセのないスッキリとした甘い味わいと涼やかで優しい菊の香り
水色の特徴	淡く透明な黄色
おもな産地	安徽省黄山

鮮やかな白い花弁で
葉茎はない

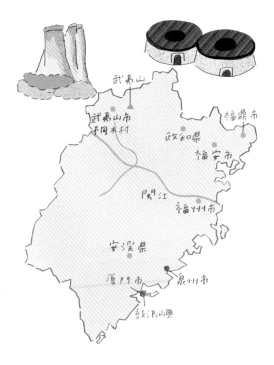

福建省

ふっけんしょう / 福建省
Fújiàn Shěng

古くから海洋交易で栄えた烏龍茶の里

地理的特徴　「八山一水一分田」（8割が山地、1割が水域、1割が耕作地）といわれるほど山の多い地形で、地勢は西北が高く東南が低い。省内を流れる閩江を挟んで南北に分かれ、北を閩北、南を閩南といい、それぞれ特徴的な烏龍茶を作る産地として知られる。

気候　亜熱帯季節風気候で、年間の平均気温は17℃〜21℃と暖かい。1月の平均気温でも5℃〜13℃である。年間降水量は平均1,400mm〜2,000mm程度で、中国大陸で降雨量の多い省の1つである。

産業　軽工業が盛んで、機械、電子、石油化学の三大産業が中心。農業は米などの穀物が中心で、そのほかにサトウキビ、菜種、落花生、タバコなども生産している。近年においては海洋資源開発などが急速に発展している。

世界遺産　武夷山、中国丹霞（泰寧）、福建土楼、鼓浪嶼（コロンス島）の歴史的共同租界、泉州の宋元中国の海洋商業貿易センターなど。

見どころ・グルメ

● 音楽と洋館のコロンス島でのんびりしたり、泉州で寺院や町散策をしたり。

●「福建料理」は中国八大料理の1つで、有名な高級スープ「佛跳牆」も福建料理。厦門の沙茶麺など庶民的な料理も美味。

別称：別称：閩 / 闽（Mǐn）
面積：約12万㎢（全国第23位）
人口：約4,154万人
省都：福州市
位置：華南茶区に位置する。東南の沿海に位置し東は台湾海峡に面する。北は浙江省、西は江西省、南は広東省と接している。

福建省のお茶

銀色の白毫に包まれた芽

白毫銀針　はくごうぎんしん / 白毫银针　Báiháo Yínzhēn

お茶の類類	白茶
特徴	白茶の代表ともいえる名茶。白毫とは産毛のことで、豊富な白い産毛に包まれたふっくらとした芽のみを使って作られる高級茶である。「萎凋」と「乾燥」という、摘んだ茶葉を揉まずにそのまま乾燥させるというシンプルな製造方法ゆえに、天候などの自然的な要因を十分に考慮することが非常に重要であり、茶摘みをする際に守るべきルールが厳密に設けられている。グラスの中で銀針が上下する姿を眺めながら、茶葉の味が出るのをゆっくり待つのも楽しみの1つ。
味・香り	渋味は少なく澄んだ甘味とハーブを思わせるグリーンな香り
水色の特徴	薄い黄色
おもな産地	福建省福鼎市、政和県ほか
おもな品種	福鼎・政和大白茶種など

産毛に包まれた一芽二葉

白牡丹　はくぼたん / 白牡丹　Báimǔdān

お茶の類類	白茶
特徴	代表的な白茶の1つ。白毫銀針が芽のみで作られるのに対し、白牡丹は芽と葉をベースに作られる。茶葉の白い産毛が牡丹の花に似ることが名前の由来といわれる。春茶のみで一芽二葉で製茶され、使用される芽と葉は「三白」、つまり芽、第1葉、第2葉の3つが真っ白な白毫で覆われていることが望ましいとされる。白茶は古くから身体の熱を冷ます作用があることが知られ、おもに中国南方の高温多湿な地域で飲まれてきた。近年は優れた抗酸化作用があるとされて国内外で人気となり、生産量が増えている。
味・香り	干草のような懐かしい香り
水色の特徴	薄い黄金色
おもな産地	福建省福鼎市、政和県ほか
おもな品種	福鼎・政和大白茶種など

福建省のお茶

薄茶色～紅茶色の茶葉

寿眉　じゅび / 寿眉　Shòuméi

お茶の類類	白茶（緊圧茶）
特徴	白毫銀針などに用いる芽を摘み取った後の三～四葉で作られる。葉を揉まずに製茶するため茶葉そのままの形が残る。上質な寿眉は白毫を多く含み、その様子が老人の眉毛に似ていることからその名がついたといわれている。一般的に白茶の中では白毫銀針、白牡丹が上位ランクとされるが一概にそうではなく、より高価な寿眉も存在する。香港や東南アジアなどで好まれ、飲茶の時に提供されることも多い。近年は茶葉を蒸気で蒸してから「緊圧」した緊圧茶（写真）を熟成させたものも流通している。
味・香り	爽やかな甘い香りとしっかりとした味わい
水色の特徴	薄い褐色
おもな産地	福建省福鼎市、政和県ほか
おもな品種	福鼎・政和大白茶種など

ツヤのある黒茶色で
ややねじれた条形

岩茶　大紅袍　がんちゃ だいこうほう / 岩茶 大红袍　Yánchá Dàhóngpáo

お茶の類類	烏龍茶
特徴	岩茶の品種の中で最も有名な銘柄であり流通量も多い。現在、大紅袍と呼ばれるものには2種類あり、大紅袍品種のみで作られた「純種大紅袍」と、さまざまな品種をブレンドして作られた「大紅袍」があるが、多く流通しているのは後者である。製法としては比較的成熟した茶葉を摘み、伝統的には発酵焙煎をしっかり行うことで岩茶特有の「岩韻」と呼ばれる味わいを生み出す。
味・香り	ミネラルを感じるどっしりとした味わいと飲み込んだ後につづく甘い余韻
水色の特徴	薄い琥珀色
おもな産地	福建省武夷山市
おもな品種	大紅袍など

●岩茶について：岩茶は福建省北部を代表する烏龍茶。世界遺産の武夷山で作られ品種は100を超える。武夷山は総面積999.75k㎡、36の峰からなり多様な自然環境が存在する。そのため同じ武夷山でも生育環境はさまざまで特色の異なる茶樹が育つため、谷や山などの地名を冠した名称が付くことも多い。製法としては比較的成熟した茶葉を摘み、伝統的に発酵焙煎をしっかり行うことで岩茶特有の「岩韻」（がんいん）と呼ばれる味わいを生み出す。

岩茶 肉桂　がんちゃ にっけい／岩茶 肉桂　Yánchá Ròuguì

お茶の類類	烏龍茶
特徴	肉桂は岩茶の代表的な品種の1つ。肉桂とは中国語でシナモンを指すが、一説には、岩茶の肉桂とはキンモクセイのことで、キンモクセイの花の様な甘く優しい香りを持つといわれる。武夷山のさまざまな場所で栽培されているが、武夷山風景区内にある牛欄坑（ぎゅうらんこう）や馬頭岩（ばとうがん）というエリアの畑などで作られる肉桂は品質が良く特に有名。岩茶において、特に高級なものは品種とともにどこで栽培された茶葉なのかも重視される傾向にあり、牛欄坑肉桂（略して牛肉）や馬頭岩肉桂（略して馬肉）などと地名＋品種名で表記されることも多い。
味・香り	甘く優しい香りとややスパイシーな口当たり
水色の特徴	薄い琥珀色
おもな産地	福建省武夷山市
おもな品種	肉桂

やや紅色もまじる
ツヤのある黒色で条形

岩茶 水仙　がんちゃ すいせん／岩茶 水仙　Yánchá Shuǐxiān

お茶の類類	烏龍茶
特徴	岩茶の中で肉桂品種と並んで最も生産されている品種の1つ。元々は武夷山外から持ち込まれたものであるが、品種としては古い方で葉はほかの岩茶の品種と比べると大きめ。武夷山茶区では「味は水仙に並ぶものなく、香りは肉桂に並ぶものなし」といわれるほど、芳醇かつ滑らかな口当たりと優雅な香りが特徴である。樹齢数十年になり、樹高が高く成長した水仙茶樹から作られるものは「老欉水仙（ろうそうすいせん）」と呼ばれ、独特の余韻を持つとされる。特に風景区内で作られたものは高値で取引される。
味・香り	爽やかで優雅な花香に優しい酸味
水色の特徴	薄い琥珀色
おもな産地	福建省武夷山市
おもな品種	水仙

やや大ぶりの茶葉で条形

福建省のお茶

∧
清香型は緑色の球形、
濃香型はやや茶色の球形

安渓鉄観音
あんけいてっかんのん / 安渓铁观音
Ānxī Tiěguānyīn

お茶の類類	烏龍茶
特徴	福建省南部を代表する烏龍茶で、清の時代から製茶されている歴史のあるお茶。鉄観音の中国大陸における定義は鉄観音品種であることが絶対条件で、この品種にしかない口の中で広がる花香や味わいを「音韻」と表現する。安渓鉄観音にはおもに3タイプがあり、焙煎を行わずに茶葉本来の華やかな味と香りを活かした「清香型」、焙煎を施し甘く濃厚な味わいが特徴の「濃香型」（写真）、濃香型を5年以上寝かせた「陳香型」に分けられる。鉄観音の収穫時期は春と秋で、味わいの春茶、香りの秋茶と称される。
味・香り	奥行きのある味わいと蘭の花にたとえられる上品な花香
水色の特徴	清香型は薄黄色、濃香型は薄い琥珀色
おもな産地	福建省安渓県
おもな品種	鉄観音種

黄金桂
おうごんけい / 黄金桂　Huángjīnguì

お茶の類類	烏龍茶
特徴	福建省安渓県は鉄観音の産地として有名だが、その他にも多くの茶樹品種を擁している。その中でも特に優れた特徴を持つのがこの黄旦で、黄旦という品種から作られたお茶のことを一般的に「黄金桂」と呼び、あまりの香りの高さから「透天香」という別称もある。黄金桂の「桂」とはキンモクセイのことで、黄金色の水色と芳しいキンモクセイの花香を持つことが名前の由来。烏龍茶に向いた品種の中では茶摘みの時期が早く、その年の新茶が比較的早く市場に出回ることでも知られる。
味・香り	軽やかな味わい、桂花（キンモクセイ）を思わせる花香とほのかなミルクの香り
水色の特徴	薄い黄金色
おもな産地	福建省安渓県など
おもな品種	黄旦

∧
薄緑色の球形

金駿眉　きんしゅんび / 金骏眉　Jīnjùnméi

お茶の類類	紅茶
特徴	近年の中国における高級紅茶ブームの火付け役で、誕生は2005年頃と新しい。元々、中国大陸で生産される紅茶は大半が輸出用で、渋みのある紅茶は国内では人気がなかった。だが金駿眉は中国人好みの馥郁たる香りにトロンとした口当たり、また芽のみで作られる＝高級茶というイメージも手伝い瞬く間にヒット。流通する金駿眉には原産地である武夷山産のものと、芽の部分のみで作った紅茶を指す一般名詞としてのものの2種類があり、前者は生産量も限られるため高額になりやすく、後者はさまざまな産地で生産され比較的手軽な価格のものも。
味・香り	丸く柔らかな口当たり、華やかな花香や果実の香り
水色の特徴	黄金色
おもな産地	福建省武夷山市ほか
おもな品種	地元の在来種など

濃茶色から紅茶色の芽のみ

正山小種　せいさんしょうしゅ / 正山小种　Zhèngshān xiǎozhǒng

お茶の類類	紅茶
特徴	紅茶の祖先ともいわれ、一説には16世紀末頃に作られ始めたという歴史のあるお茶。ヨーロッパなどでは「ラプサンスーチョン」という名で知られている。正山とは武夷山を、小種とは武夷山の希少な在来種を指すが、同じ武夷山でも岩茶の生産地とは離れた入山制限のある自然保護区域内で育てられる。最大の特徴は生産過程で松の薪を燃やして煙に巻かれるように乾燥させるため、独特の燻香をまとった茶葉に仕上がること。近年、燻香のあるものは中国国内では敬遠される傾向にあり、燻煙を行わないものも増えている。
味・香り	濃厚かつ軽い後味、龍眼やライチのような軽い香りとスパイスの様な燻香
水色の特徴	明るい琥珀色
おもな産地	福建省武夷山市桐木村
おもな品種	地元の在来種

黒っぽいやや大きめの茶葉

福建省のお茶

龍珠花茶
りゅうじゅかちゃ / 龙珠花茶
Lóngzhū huáchá

お茶の類類	再加工茶（花茶）
特徴	茶葉の吸香性を利用し、新鮮な花の香りを吸わせたお茶を「花茶」という。飲用の花を製茶後の茶葉に加えた花弁入りのものは本来の「花茶」とは異なる。香りを移す花はいろいろあるが、最も多いのは原料となる茶葉にジャスミン（茉莉花）の香りを付けたジャスミン茶で、中国大陸ではおもにベースの茶葉として緑茶や白茶、台湾ではベースに烏龍茶を用いることが多い。原料の茶葉に開花直前のジャスミンの蕾を加えて開花した瞬間の香りを移し、香りがなくなったら花びらを取り除いて茶葉を乾燥させる、という工程を何度も繰り返して作られる。消費地はおもに北京など北部の都市圏が多い。
味・香り	すっきりした緑茶のうまみにフレッシュなジャスミンの香り
水色の特徴	薄黄色
おもな産地	福建省福鼎市
ベース	緑茶

産毛を纏った
薄緑色の球形

富貴牡丹
ふうきぼたん / 富贵牡丹
Fùguì mǔdān

お茶の類類	再加工茶（工藝茶）
特徴	工藝茶とはおもに緑茶などの茶葉を束ねて花のように加工したお茶を指す。工藝茶の歴史は浅く、1986年の安徽省で発案されたものが始まりとされる。その後さまざまに開発され、現在では味や香り、見た目だけでなく、美容や健康を考慮して作られたものも多い。富貴牡丹もその1つで、牡丹皮は皮膚の炎症を抑える生薬であり、花弁も古くから中国では食用とされてきた。湯の中で大きく広がる淡いピンクの牡丹の姿も美しい、なんとも華やかなお茶である。
味・香り	渋み少なめほんのり甘い花香
水色の特徴	薄い黄色の茶水に牡丹の大輪の牡丹
おもな産地	福建省福安市
ベース	緑茶、牡丹花

龍鳳吉祥
りゅうほうきっしょう / 龙凤吉祥
Lóngfèng jíxiáng

お茶の類類	再加工茶（工藝茶）
特徴	艶やかなオレンジの百合花は鳳凰、すっと立ち昇る白い茉莉花は龍を思わせるダイナミックな造形の工藝茶。百合は鎮静効果、茉莉花は気の流れを整える効果があるといわれ、見た目の美しさのみならず身体にも嬉しいお茶である。
味・香り	渋み少なめ爽やかなジャスミンの香り
水色の特徴	薄い黄色の茶水に鮮やかなオレンジの百合花と白い茉莉花のコントラスト
おもな産地	福建省福安市
ベース	緑茶、百合花、茉莉花

緑の茶葉に包まれた球形

広東省

かんとんしょう / 广东省
Guǎngdōng Shěng

香り豊かな鳳凰単樅を生み出す美食の地

地理的特徴
広東省の地形は複雑で多様性に富んでいる。地勢は北が高く南が低い、東西に傾斜した地形。省内を流れる珠江の河口周辺は珠江デルタと呼ばれ、広州市や深圳市など9つの市からなる経済の中心地である。深圳市、珠海市、汕頭市の3つの市はいずれも経済特区となっている。

気候
大半は亜熱帯季節風気候だが、雷州半島は熱帯季節風気候に属する。年間の平均気温は19℃〜23℃。冬の1月は8℃〜21℃で、夏の7月は27℃〜29℃である。年間降水量は1,500〜2,000mm程度で、4月〜9月は雨季に当たる。5月〜11月は沿岸部では台風が多く発生する。

産業
中国国内において最も経済活動が活発な地域の1つ。珠江デルタを中心に多くの外資系企業が進出し、電子・電気産業、ハイテク産業、サービス産業が盛ん。また近年、深圳市はハードウエア系のスタートアップ／ベンチャーの中心地となっている。農業において主要作物は米で、珠江デルタは養蚕の盛んな地域としても有名。

世界遺産
開平の望楼群と村落、中国丹霞など。

見どころ・グルメ

● 経済特区や美食めぐり、広州のシンボルである高さ600mある広州塔の夜景など。

● 「食在広州」（食は広州にあり）と称される地で、「広東料理」は中国四大料理の1つ。

別称：粵（Yuè）
面積：約18万km²（全国第15位）
人口：約1億2,601万人
省都：広州市
位置：華南茶区に位置する。北は南嶺山脈によって湖南省と江西省を隔て、南は南シナ海を挟んで香港、澳門、海南に面する。東は福建省、西は広西壮族自治区と接する。

広東省のお茶

やや赤みのある茶色の条形

鳳凰単欉蜜蘭香

ほうおうたんそうみつらんこう /
凤凰单丛蜜兰香
Fènghuáng dāncōng mìlánxiāng

お茶の類類	烏龍茶
特徴	鳳凰単欉の特徴は香りの豊富さで、花や果実、スパイスのような香りまであり、これが天然の茶葉の香りなのかと驚くほど。鳳凰単欉蜜蘭香はその代表的な銘柄「十大蜜花香型」の中の1つで、ライチやマスカットを思わせる芳醇な香気が持ち味。原産地の潮州市は、福建省と接する広東省の東にあり、福建省同様に降雨量が多く茶樹の生育にとって最適な環境である。かつて各品種の特徴を最大限に活かすため1本の茶樹ごとに製茶したことから「単欉（1本の木）」と呼ばれるように。
味・香り	蜜のような味わいと収斂味、濃厚な果実香と華やかな花香
水色の特徴	鮮やかな朱色
おもな産地	広東省潮州市
おもな品種	鳳凰水仙

鳳凰単欉鴨屎香

ほうおうたんそうかもしこう /
凤凰单丛鸭屎香
Fènghuáng dāncōng yāshǐxiāng

お茶の類類	烏龍茶
特徴	鴨屎香とは文字通り"鴨のフンのような香り"の意味で、この茶樹を発見したとあるお茶農家さんがあまりにも良い香りがするこの茶樹が盗まれないようにと、敢えてこのような名前を付けたという説もある。名前とはギャップのある清らかな香りと、低山地での栽培もされることから生産量が多く、値頃感もあることから近年人気が高まったお茶である。鳳凰単欉の中では比較的軽い口当たりとトロンとした飲み心地、ミルキーさを感じる花香が特徴的。
味・香り	トロンとして軽やかな渋味、優しい花香と乳香
水色の特徴	明るい金色
おもな産地	広東省潮州市
おもな品種	鳳凰水仙

やや緑の残る茶色の条形

広東省のお茶

やや明るめの茶色の条形

嶺頭単欉　れいとうたんそう / 岭头单丛　Lǐngtóu dāncōng

お茶の類類	烏龍茶
特徴	別名「白葉単欉」とも呼ばれる。生産地である嶺頭村は潮州市でも鳳凰単欉が作られる鳳凰鎮の東に隣接する地域である。嶺頭村で見つかった野生の鳳凰水仙グループの香り高い木を育成し、1980年代に独自の品種として認定された比較的新しいお茶で、上質な香気と収斂味（渋み）を持つ。饒平県の平地で栽培されていることもあって収穫量も多く、手に入りやすいことから人気を博している。
味・香り	キレの良い渋味とマスカットにたとえられる爽やかな果実香
水色の特徴	金色
おもな産地	広東省潮州市饒平県嶺頭村
おもな品種	嶺頭単欉

鉄紺色の柑橘の中に
茶色の茶葉

小青柑　しょうせいかん / 小青柑　Xiǎo qīnggān

お茶の類類	再加工茶
特徴	小さな柑橘の果肉部分をくり抜き、普洱茶などを詰めて乾燥させたお茶を指す。陳皮（乾燥させた柑橘類の皮p.155）は生薬や食薬として広東省一帯ではポピュラーで、健胃や整腸などに優れた作用があるとされ日常的に食事にも取り入れられてきた。中に詰める普洱熟茶も健康作用が期待されることからこの小青柑は飲みやすい健康茶として人気が高い。ほかにも爽やかな柑橘の香りを活かした普洱生茶や白茶を詰めた小青柑も。爽やかな香りと濃厚な味わいが煎ごとに変化していく味わい深いお茶。
味・香り	トロリとした口当たりに爽やかでスパイシーな香り
水色の特徴	琥珀色
おもな産地	広東省江門市新会区（陳皮）（普洱茶の産地は雲南省）
おもな品種	雲南大葉種など

華流古装ドラマにみるお茶のシーン

　見目麗しい美男美女にきらびやかな衣装、豪華絢爛な舞台セットに、ロングヘアや衣装の裾がひらひらと舞うワイヤーアクション。華流古装ドラマの魅力を語り出したら止まりませんが、皆さんはどんなところが萌えポイントでしょうか。

　私はやはり食事やお茶のシーンが最も熱くなります。実際にどうしても食べてみたくなって作中のお菓子を試作したこともあります。

　ところで華流ドラマには必ずといって良いほどお茶を飲むシーンが出てきます。家族や友人、親しい人と語らう時、公務の合間、戦いを終えて帰って来た時など。小さな杯に注がれた茶を登場人物たちはエレガントに口に運んでひと息、そして語り出します。喫茶のシーンの多さからも、お茶がどれほどに生活の一部となっているかが読み取れます。

　さて、作品中の人物たちが飲んでいるのはなにか、気になりますね。たとえば清代以降の作品では茶葉名が出てくることもありますので、かなり深いレベルで登場人物の追体験をすることも可能です。ではさらに遡った時代を描いた作品ではどうでしょう。「中国茶も四千年の歴史？」（p.7）のページでも少しご紹介しましたが、中国茶が酒の代用として登場するのが三国時代ですので、「三国志」ではお茶である可能性が高く、それより前の時代の作品となると水や湯

だったかもしれません。唐代に書かれた陸羽の『茶経』では、「茶に葱や生姜、棗や橘皮などを混ぜて飲むのは茶の風味を損ねるのでよろしくなくせめて塩くらいにしておくのが良い」とあるので、唐の中頃までは「スープっぽいお茶」で、それ以降は「シンプルな塩入りのお茶」が飲まれたと考えられます。玄宗や楊貴妃は味つき（多分しょっぱめ）のお茶を飲みながら音楽を奏でていたのかもしれません。

　北宋時代には茶筅を用いて茶を点て繊細な泡を立たせて飲むようになったそうです。この頃に良いとされた茶の点て方は非常に複雑で手が込んでいたので、茶筅で茶を泡立たせるのが上手い侍女が主人に重宝される、というシーンのあるドラマも。

　元代を経て明代になるとそれまでの固形茶から葉茶（リーフティー）が主流となり、茶の淹れ方も製茶の方法も現代に近いものになります。明の都が置かれた江蘇省の碧螺春（p.54）や、隣の浙江省、龍井茶（p.53）につながる製茶の方法もこの時代に完成したとされますので、明代を描いた作品に登場するお茶はこの辺りかも……。などなど、推しの人物に思いを馳せながら、中国茶片手に見る古装ドラマの愉しみ方、いかがでしょうか。

湖南省

こなんしょう / 湖南省
Húnán Shěng

豊かな茶樹と詩を生み出した洞庭湖のほとり

| 地理的特徴 | 南が高く北が低い地勢で、東西南を山に囲まれている。北部に洞庭湖平原、中部は丘陵地帯、南には南嶺山脈が走る。 |

気候 亜熱帯季節風湿潤気候で、冬は寒く、夏は蒸し暑い、四季の気温変化の激しい土地である。年間の平均気温は16℃～18℃。冬の1月は4℃～8℃で、夏の7月は26℃～30℃。年間降水量は1,200～1,500mm程度で、4月～6月で年間降水量の40％の雨が降る。

産業 第二次産業と第三次産業が発展しており、おもな産業としてはタバコ、鉄鋼、電力、石油化学工業、軽工業、文化産業、電子情報産業など。

世界遺産 武陵源の自然景観と歴史地域、土司の遺跡群、中国丹霞など。

見どころ・グルメ
● 洞庭湖に臨む「岳陽楼」は杜甫はじめ多くの詩に詠まれた、湖と君山を望む絶景の鑑賞地。
● 「湖南料理」は中国八大料理の1つで、非常に辛いことで有名。湖南省は古くから主要な茶産地で唐の時代には皇帝へ茶を献上していたことでも知られる。

別称：湘（Xiāng）
面積：約21万㎢（全国第10位）
人口：約6,644万人
省都：長沙市
位置：江南茶区、長江中流域に位置する。省をまたぐ洞庭湖は中国で2番目に大きい淡水湖で、洞庭湖の南に位置するため湖南省と名付けられた。ちなみに洞庭湖の北側は湖北省である。湖北省以外にも、南に広東省と広西壮族自治区、東に江西省、西に重慶市や貴州省と接している。

湖南省のお茶

薄い黄色がかった緑の芽

君山銀針　くんざんぎんしん / 君山银针　Jūnshān Yínzhēn

お茶の類類	黄茶
特徴	黄茶は中国の茶葉総生産の1%に満たない貴重なお茶で、その最高峰とされるのがこの君山銀針。原産地である洞庭湖の君山島は周囲1.5㎞ほどの小さな島で、古来より茶の栽培が行われていた。現在は湖南省岳陽市内で生産される、早春の芽の部分のみを使用して作られる稀少な黄茶である。銀色の産毛に覆われた芽と針のような茶葉が湯を注ぐとまるで刀のように直立してグラスの中を上下し、その美しい姿は「三起三落（さんきさんらく）」と呼ばれる。黄茶のみにある「悶黄（もんおう）」という茶葉を蒸す工程が独特のうまみと口当たりを生み出す。
味・香り	はっきりとした茶葉のうまみとまろやかな口当たり、ほんのりと甘い香り
水色の特徴	淡く薄い黄色
おもな産地	湖南省岳陽市
おもな品種	在来種など

安化茯磚茶　あんかふくせんちゃ / 安化茯砖茶　Ānhuà Fúzhuānchá

お茶の類類	黒茶
特徴	湖南省は黒茶の生産量では国内上位で、有名な千両茶、黒磚茶以外にも多数のブランドを持つ。かつて安化で生産された茶葉は陝西省（せんせい）へ運ばれそこで茯磚茶に加工されていたが、新中国成立後に湖南省益陽市（えきよう）、安化県でも生産されるようになった。安化茯磚茶はレンガ状に緊圧されたお茶で、伝統的には少数民族、とりわけ新疆（しんきょう）ウイグル自治区などへ向けて出荷されることが多かった。最大の特徴は「金花」（冠突散囊菌（かんとつさんのうきん））を多く付着させることで、金花の健康機能などについての研究が進められている。
味・香り	あっさりとしてまろやかな口当たり、爽やかな松の香
水色の特徴	透明な薄い琥珀色
おもな産地	湖南省益陽市、安化県
おもな品種	雲台山大葉種など

黒っぽいレンガ状

四川省

しせんしょう / 四川省
Sìchuān Shěng

青空茶館が多く残る、茶栽培の発祥の地

地理的特徴
山地や丘陵地、高原地が多く起伏に富む。地勢は西側から東に向かって低くなり、省の大半が海抜1,000m以上。成都市を含む四川盆地は中国四大盆地に数えられ、古来豊かな水と肥沃な大地で知られる穀倉地帯で「天府之国」と呼ばれている。

気候
東部は亜熱帯湿潤気候で、西部の高原地域は高度によって亜熱帯から亜寒帯までのすべての気候帯に属している。東部の年間の平均気温は14℃〜19℃、西部の平均気温は8℃以下。年間降水量は300〜1,700mm程度で、南東部の方が北西部より多く、夏季に集中する。

産業
古くより内陸部有数の穀倉地帯で、それに伴い食品加工業や紡績工業、製紙産業が盛ん。電子情報産業や資源開発、天然ガスの採掘事業などもあり、中でも電子情報産業は中国全土においても強く、国内外の多くのIT関連企業が進出している。

世界遺産
九寨溝の渓谷の景観と歴史地域、黄龍の景観と歴史地域、峨眉山と楽山大仏、青城山と都江堰水利施設、四川ジャイアントパンダ保護区群など。

見どころ・グルメ

● 宇宙人のような仮面などの発掘物で有名な「三星堆遺跡」で黄河文明とは異なる文明の軌跡を感じられる。

●「四川料理」は中国四大料理の1つ。辛さだけではなく山椒（花椒）によるシビれが特徴。

別称：川 / 蜀 （Chuān / Shǔ）
面積：約49万㎢（全国第5位）
人口：約8,367万人
省都：成都市
位置：西南茶区に属し、長江上流域で秦嶺山脈の南、青蔵高原の東、雲貴高原の北に位置する。北は陝西省、甘粛省、青海省、東は重慶市、南は貴州省、雲南省、西はチベット自治区と接している。

四川省のお茶

銀色の産毛に包まれた、
巻曲状の薄緑の茶葉

蒙頂甘露　もうちょうかんろ / 蒙頂甘露　Méngdǐng Gānlù

お茶の類類	緑茶
特徴	四川省蒙頂山は約2,000年前に茶樹の人工栽培が人類史上はじめて行われたとされる地で、茶文化発祥の地として茶を学ぶうえで欠かせない重要な場所である。蒙頂山及び周辺地域の茶園で生産され、基準に適合した茶を総じて「蒙頂山茶」と呼び、中でも最も有名なのがこの蒙頂甘露で、ふわふわの産毛と細く巻いた外観が特徴。雨が多く比較的温暖なため平地での茶摘みは2月末頃から行われ、江北や江南地区より1カ月ほど早く新茶が出回る。芽のみ、または一芽一葉。遠火で乾燥させるためうまみと甘み、透明感のある味わいに。
味・香り	透明感のあるうまみと甘み、ほっくりとした優しい香り
水色の特徴	淡く薄い黄色
おもな産地	四川省雅安市名山区蒙山
おもな品種	在来種など

全体的に黄色がかった芽

蒙頂黄芽　もうちょうこうが / 蒙頂黄芽　Méngdǐng Huángyá

お茶の類類	黄茶
特徴	歴史ある蒙頂山で採れるお茶は古くから献上茶として有名で、かつては献上にふさわしい最高級のお茶にのみ「蒙頂」の名が冠せられていた。中でもこの蒙頂黄芽は清代皇帝が愛飲したことで知られる。黄茶のまろやかな口当たりの源は「悶黄」という工程にあり、摘み取った茶葉を加熱した後、まだ熱いうちに少量ずつ紙に包み、その温度と蒸気でじっくり蒸らすことで生まれる。茶摘みは春分前後。芽または一芽一葉で、不揃いなものや芽の開ききったものなどは省くため1日で摘める量は少ない。その製茶と茶摘みの手間暇から大変貴重なお茶になっている。
味・香り	複雑なうまみと甘み、栗のような優しい香り
水色の特徴	薄い黄色
おもな産地	四川省雅安市名山区蒙山
おもな品種	在来種など

四川省のお茶

茶色の茶葉、レンガ状に
緊圧されたものと
散茶（リーフ状）のものがある

雅安蔵茶　があんぞうちゃ / 雅安蔵茶　Yǎ'ān Zàngchá

お茶の類類	黒茶
特徴	蔵茶の蔵は「西蔵」＝チベットを指し、おもにチベット周辺で消費されることを意味する。雅安の蔵茶の歴史は明代に遡る。古くからチベットでは野菜不足の栄養を補う目的で毎日のように飲まれ、現在でも茶葉を煮出してバターを加えたバター茶として親しまれている。雅安蔵茶の製法は複雑で無形文化遺産に指定されており、その詳細は国家機密に該当するほどとされる。雅安蔵茶には芽のみで作られた芽細や、芽より下の部分を使う康磚茶と金尖茶などがある。渋みの少ない小葉種を渥堆発酵させて作るため、まろやかでクセがなく飲みやすい。
味・香り	渋みはほぼなくサラリとした口当たり、ほんのり甘いウッディな香り
水色の特徴	明るい褐色
おもな産地	四川省雅安市
おもな品種	四川省の小葉種

碧潭飄雪　へきたんひょうせつ / 碧潭飄雪　Bìtán Piāoxuě

産毛をまとった薄緑の
巻曲状の茶葉に
可憐なジャスミンの花

お茶の類類	再加工茶（花茶）
特徴	別名スノージャスミン。その名の通り碧い茶水の中を雪のように白いジャスミンの花が舞う。一般的なジャスミン茶は花の香りを移した後で花弁を取り除くが、この碧潭飄雪は仕上げに乾燥した花を加えるのが特徴。ただし花はあくまで飾り用で香りは茶葉についている。四川省は中国有数のジャスミンの産地で、古くからの名茶の産地でもあることからジャスミン茶の生産が盛ん。ベースの茶葉は上質な高山緑茶が多く、四川省を代表する名茶の蒙頂甘露で作られた高級品なども。産地である峨眉山は古くから道教や仏教の聖地としても知られる。
味・香り	渋みのない味とフレッシュで爽やかなジャスミンの香り
水色の特徴	淡く薄い黄色
おもな産地	四川省峨眉山ほか
ベース	緑茶

Column

喝杯茶，休息一下

甘くて美味しい健康茶

八宝茶 はっぽうちゃ　bābǎochá

杞菊茶 こぎくちゃ　qǐjúchá

　中国では、身体に良いとされる食材を組み合わせた健康茶はとてもポピュラーでいろいろな種類のものがあります。「八宝」とは「たくさんの良いもの」の意で、決まった組み合わせがあるわけではありません。また、茶葉の入ったもの、茶葉の入らないノンカフェインのものもあります。こちらは、バラの香りに棗や龍眼など滋養のある食材を加えた八宝茶と、菊花など目に良い素材を組み合わせた杞菊茶です。どちらもほんのり甘くて美味しい健康茶です。

左／八宝茶を淹れた様子。バラエティ豊かで見た目にも楽しい。

西南の果てにあるお茶のルーツ

雲南省

うんなんしょう / 云南省
Yúnnán Shěng

地理的特徴
省の大半が山地で、地勢的には北が高く階段状に南が低くなっている。北部の海抜が3,000〜4,000mなのに対し南部は1,500〜2,000mで、高低差が非常に大きい。雲南省最高峰の梅里雪山は最高地点が標高6,740mで、チベット仏教において「聖なる山」として信仰されてきた。ちなみに人類未踏峰である。

気候
基本的には温暖湿潤気候に属するが、緯度や標高の違いによってさまざまな気候帯に属し、気温差も大きい。省の平均気温は13℃〜20℃、冬の1月は8℃〜17℃で、夏の7月は11℃〜29℃。年間降水量は750〜1,750㎜程度で、雨季の4月〜6月で年間降水量の60%の雨が降る。

産業
生物資源開発産業（花卉、天然素材、バイオ化学、環境、健康食品等）、鉱物資源、タバコ産業、茶・コーヒー産業、観光業が主たる産業。おもな農作物は米、小麦、とうもろこし、菜種など。

世界遺産
麗江旧市街、雲南三江併流の保護地域群、中国南方カルスト、紅河ハニ棚田群の文化的景観、澄江の化石産地など。

別称：滇 / 雲 / 云（Diān / Yún）
面積：約39万㎢（全国第8位）
人口：約4,720万人
省都：昆明市
位置：西南茶区、中国最西南部に位置し、ミャンマー、ラオス、ベトナムとの国境を持つ。北は四川省、チベット自治区、東は貴州省、広西壮族自治区と接する。

見どころ・グルメ

● 常春の都ともいわれる昆明は「花の都」でもあり花の生産が盛ん。アジア最大級の花市場も。

● つるりと喉越しの良い米粉麺「過橋米線」など。

雲南省のお茶

表裏が白黒の
大きな芽と大きな葉

月光白　げっこうはく / 月光白　Yuèguāngbái

お茶の類類	白茶
特徴	ふっくらとした大きな芽、表裏が白黒の外観、上品な甘さとフルーティな香りが魅力的な雲南産の白茶。白茶の産地といえば伝統的に福建省だったが、近年は雲南省でも盛んに作られるように。特に景谷県の景谷大白茶は芽が太く、産毛も多くて良質。一時期は規格や名称がさまざまで混乱を招いたが、2021年になり以下のように統一された。この月光白は一芽一葉から一芽三葉までを用いて萎凋と乾燥を経た白茶と定義され、そのほかに芽のみで作る「雲白毫」、一芽二〜三葉の「雲寿」、これらを緊圧した「雲南白茶緊圧茶」がある。
味・香り	青みのない甘さ、奥行きのあるフルーティな香り
水色の特徴	明るい黄色
おもな産地	雲南省景谷県ほか
おもな品種	雲南大葉種、景谷大白茶など

赤茶色の大きな葉と
金色に染まった産毛のある芽

滇紅　てんこう / 滇紅　Diānhóng

お茶の類類	紅茶
特徴	「滇」とは雲南省の別称で、「滇紅」とは雲南省産の紅茶を指す。原料となるのは大葉種で、大きな葉に大きな芽、その大きな芽にはふわふわとした産毛がたっぷりついているのが特徴で、一芽二〜三葉で手摘みされた上質なものには金毫（ゴールデンチップ）が多く含まれていて味わい深い。濃厚で蜂蜜のような甘みがある。雲南省は茶樹の原産地といわれ、中でも臨滄は省内第一の茶産地。雲南省の紅茶は1930年代に臨滄から始まり省内の各地で生産されるようになった。
味・香り	後をひく濃厚な蜜のような味、甘い香り
水色の特徴	オレンジがかった明るい紅色
おもな産地	雲南省臨滄市鳳慶県ほか
おもな品種	雲南大葉種　鳳慶大葉種

雲南省のお茶

普洱茶（生茶）

ぷーあーるちゃ（なまちゃ）/ 普洱茶 生茶
Pǔ'ěrchá Shēngchá

お茶の類類	黒茶
特徴	普洱茶とは雲南大葉種の晒青緑茶（さいせい）（天日で干した緑茶）を渥堆発酵もしくは後熟させたお茶で、この生茶タイプは晒青緑茶を高温の蒸気で蒸してから固形状に緊圧したもの。雲南大葉種はポリフェノールの含有量が多く、新茶は渋みが強く飲みづらく感じるが、時間の経過とともに渋みが和らぎ茶の水色も濃く変化。そのため普洱茶は新茶より年数を経たものの方が価値が高いとされ、良質な茶樹原料から作られた数十年ものの生茶は大変高価なことも。写真のような円盤状の「餅茶」（もちちゃ）以外に、レンガ状の「磚茶」（せんちゃ）やお椀のような形の「沱茶」（だちゃ）などがある。
味・香り	ほどよい渋みと爽やかな味わい、複雑で奥行きのある香り
水色の特徴	明るいオレンジまたは黄金色
おもな産地	雲南省
おもな品種	雲南大葉種

多くは円盤状の餅茶、
茶葉は褐色

普洱茶（熟茶）

ぷーあーるちゃ（じゅくちゃ）/ 普洱茶 熟茶
Pǔ'ěrchá Shúchá

お茶の類類	黒茶
特徴	普洱茶の熟茶の誕生は1970年代と比較的新しい。かつては雲南省で作ったお茶を他地域へ運ぶには長い時間を要し、その時間が渋みの強い普洱茶の生茶を飲み頃にしていた。しかし輸送時間が大幅に短縮された現代では短期間で飲み頃になるお茶が必要となったため、新たに開発されたのがこの熟茶である。特徴は「渥堆」（あくたい）という人工的に茶葉の発酵を促す工程で、これによりスピーディに茶葉に含まれるポリフェノールを転化させ、まろやかな味わいのお茶を作れるようになった。生茶と同じく形状はさまざま。
味・香り	まろやかで厚みのある味わい
水色の特徴	深みのある褐色
おもな産地	雲南省
おもな品種	雲南大葉種

ツヤのある黒い茶葉

甘粛省

かんしゅくしょう / 甘肃省
Gānsù Shěng

シルクロードの要衝を潤したバラ

地理的特徴　黄土高原、内蒙古高原、青蔵高原の交差する一帯で、多くは海抜1,000m〜3,000mの間に位置する。山地や高原、砂漠地帯など変化に富んだ環境。

気候　東南から亜熱帯湿潤気候から温帯季節風気候にまたがるが、北西部では大陸性の乾燥気候で砂漠に近く、省全体でさまざまな気候帯に属する。平均気温は4℃〜14℃、冬の1月は−14℃〜−3℃で、夏の7月は11℃〜27℃、祁連山脈が最も気温が低い。年間降水量は50〜860㎜程度で南東から北西部に向かい雨量は減少し、おもに夏に集中。

世界遺産　敦煌莫高窟、シルクロード：天山〜天山回廊の交易路網、万里の長城（嘉峪関）など。

別称：甘 / 陇（Gān / Lǒng）
面積：約43万㎢（全国第7位）
人口：約2,501万人
省都：蘭州市
位置：江北茶区、中国北西部に位置し、黄河上流が中央部を横断する。古来シルクロードの要衝として知られ、西部の嘉峪関市には長城の最西端である嘉峪関が置かれた。

甘粛省のお茶

↑

青みのある深い
ピンク色をした小さな蕾

苦水玫瑰　くすいめいくい / 苦水玫瑰　Kǔshuǐ Méigui

お茶の類類　茶外茶

特徴　玫瑰花とはバラの一種で別名「ハマナス」ともいう。中国語で「玫」は赤く美しいこと、「瑰」は綺麗な玉を指す。中国では香料、薬用、食用に栽培されることが多く、食用ではおもに茶や酒、菓子類として利用。その香りの良さからイライラを解消し、気血の流れを調える作用が高いとされる。中国全土で栽培されるが、甘粛省苦水鎮は生産量が多く栽培の歴史も長いことから最も有名。茶用には香気を中に蓄えた蕾の状態で摘み取られ、開花したものと比べるとえぐみも少ない。そのままローズティーとして飲むほか、紅茶にブレンドしたり八宝茶として飲む。

味・香り　スッキリと爽やかな味わい、華やかな香気

水色の特徴　ほぼ無色透明

おもな産地　甘粛省永登県苦水鎮

台湾

たいわん ／ 臺灣
Táiwān

芳しく風味豊かなお茶のゆりかご美麗島（フォルモサ）

地理的特徴 —— 全島面積の3分の2が高山や林地で、その他の部分は丘陵、平地、台地、高地、海岸、平原および盆地で構成される。おもな山脈は南北に全島を貫き、台湾東部と西部河川の分水嶺になっている。その西側の玉山山脈は、主峰が3,952mあり台湾の最高峰である。

気候 —— 北回帰線を境として北部は亜熱帯気候、南部は熱帯季節風気候に分かれる。春から冬にかけての変化が比較的大きく、夏から秋にかけての変化が小さい。1年の平均気温は約22℃、平均最低気温は12〜17℃。平地では冬でも雪が降らず、高山でわずかに見られるぐらいである。

産業 —— 製造業が中心で、おもなものとして電子製品、化学製品、鉄鋼金属、機械など。

見どころ・グルメ

● 台北の短期間旅行や海に臨む山間の小さな街「九份（きゅうふん）」散策、古都台南でまったりするほか、列車や自転車で台湾を1周する「環島（ホァンダオ）」も人気。
● 日本でもおなじみの「魯肉飯（ルーロウファン）」や「豆花（トウファ）」以外にも美味しいもの多々。朝市・夜市も楽しい。

英：Taiwan
面積：約3.6万k㎡
人口：約2,340万人
主要都市：台北市、台中市、高雄市
位置：アジア大陸東南の沿海、太平洋の西に位置する。北は日本、南はフィリピン、西は中国大陸を望む。日本の与那国島とは約111kmの距離にある。

台北市
九份
桃園市
新北市
台北市文山区木柵
台中市
嘉義県阿里山
花蓮市
南投県鹿谷郷
玉山山脈
台南市
高雄市

台湾のお茶

清香タイプは浅い緑色で半球型、
濃香タイプは赤緑色の半球型

阿里山高山茶

ありさんこうざんちゃ / 阿里山高山茶
Ālǐshān Gāoshānchá

お茶の類類	烏龍茶
特徴	台湾の高山茶区（標高約1,000m以上）は「梨山茶区」、「杉林渓茶区」、「阿里山茶区」の３つが特に有名で、うち最も高山烏龍茶の生産量が多いのがこの阿里山茶区。標高約800m〜1,700mと幅があり、産地も広く茶樹の生育環境も異なることから樟樹湖、太和、石棹など地名を冠することも。品種は、主力かつ高級品種とされるのは青心烏龍種だが、独特の微かな乳香を有する金萱種の高山茶なども多く流通する。仕上げの焙煎をしないか軽めの「清香」タイプと、しっかり焙煎を行う「濃香」タイプがあり、多いのは前者。軽い口当たりと清らかな花香が人気。
味・香り	爽やかで軽い口当たり、透明感のある花香
水色の特徴	清香タイプは薄い黄色、濃香タイプは黄金色
おもな産地	嘉義県梅山郷、阿里山郷など
おもな品種	青心烏龍、金萱種など

凍頂烏龍茶

とうちょううーろんちゃ / 凍頂烏龍茶
Dòngdǐng wūlóngchá

清香タイプは浅い緑色で半球型、
濃香タイプは赤緑色の半球型

お茶の類類	烏龍茶
特徴	名前の「凍頂」は産地の１つである南投県鹿谷郷の凍頂山が由来だが、近年では鹿谷郷以外で作られたり、凍頂烏龍茶の基本品種である青心烏龍以外で作られたものも出回る。南投県鹿谷郷は台湾における製茶業が早くから始まった地域といわれ、標高はさほど高くはないものの地形は非常に複雑で、雨や霧の発生しやすい茶栽培に適した土地。長い歴史に培われた製茶技術は高く、品質の高い茶葉が作られることでも知られる。素材を活かした爽やかな清香タイプと、鹿谷の高い発酵・焙煎技術を活かした濃香タイプがある。
味・香り	清香タイプは優しい花香と爽やかな口当たり、濃香タイプは甘い焙煎香と花香、芳醇な味わい
水色の特徴	清香タイプは薄い黄色、濃香タイプは明るい琥珀色
おもな産地	南投県鹿谷郷など
おもな品種	青心烏龍など

台湾のお茶

赤緑色の半球型

正欉鉄観音

せいそうてっかんのん / 正欉鐵觀音
Zhèngcōng Tiěguānyīn

お茶の類類	烏龍茶
特徴	台湾における鉄観音茶の定義は中国大陸と異なり、鉄観音製法により作られた半球型のお茶を指す。このような事情から、著名な「木柵鉄観音」も現在はさまざまな品種を原料に製造されている。その中でも鉄観音品種のみを原料としたものを特に「正欉鉄観音」と呼び、希少茶となっている。
味・香り	厚みのある芳醇な味わい、ナッツのような甘く香ばしい香り
水色の特徴	明るい琥珀色
おもな産地	台北市文山区木柵
おもな品種	鉄観音

東方美人

とうほうびじん / 東方美人　Dōngfāng měirén

上質なものは小さな一芽二葉の
芽葉で紅い葉を持つ

お茶の類類	烏龍茶
特徴	オリエンタルビューティや白毫烏龍茶などとも呼ばれ、名前の美しさからも人気のお茶。ほかの多くの台湾烏龍茶と製法が大きく違い、それゆえ味わいや茶葉の見た目も異なる。「ウンカ」という小さな虫が茶葉の樹液を吸うと茶葉が紅く変色し、甘い蜜のような独特の香り（蜜香）が生み出され、それが魅力に。一説には虫害で悩んだ末、試しに虫に咬まれた茶葉で製茶したところ、意外にも大変美味しくできたことが始まりとも。原料となる品種は限定されないが、産地では青心大冇の評価が高い。
味・香り	甘くなめらかな口当たり、華やかで上品な蜜の香り
水色の特徴	黄金色〜明るいオレンジ色
おもな産地	新竹県、新北市ほか
おもな品種	青心烏龍、青心大冇ほか

喝杯茶，休息一下

普洱茶のヴィンテージパッケージ

普洱茶は緊圧茶に加工されるため、お茶の
形やパッケージの種類が豊富なのも魅力の１
つ。貴重なヴィンテージものの普洱茶のパッ
ケージには英語で書かれたものや、色使いや
文字のデザインがとってもオシャレで味のあ
るものがたくさんあります。

普洱茶の愛好家が多い広州も香港も、他の
都市に先駆けて欧米の文化が入ってきた都市
です。そのため、伝統的な中国のパッケージ
とはまた異なった趣のパッケージが存在した
のではないでしょうか。

茶器と飲み方

美味しい中国茶に出会うと、茶館やカフェで飲むだけでなく自宅やオフィスなどでも飲んでみたくなります。また、お客様へのおもてなしに中国茶をさらりと淹れられたらちょっと素敵。中国茶がはじめての方に「まずは気軽に淹れてみる」をテーマに甘露流、中国茶の淹れ方をご紹介いたします。

玻璃杯

ボーリーベイ
Bōlibēi

ゆっくりと茶葉が開く様子をぼんやりと眺める、リラックスした時間がお気に入り。

茶葉の美しさを鑑賞するのにピッタリ

ロンググラス

一番シンプルで簡単に淹れられる耐熱性のロンググラス。茶葉を入れたグラスに湯を注ぐだけで、直接グラスに口をつけて飲むことができます。グラス越しに茶葉を鑑賞できるので緑茶や工藝茶など美しい茶葉のお茶に向いています。中国では正式な茶藝でもロンググラスを用いることがあります。

飲み方

あらかじめ湯で温めたグラスに茶葉を入れ（温めた湯は捨てます）、お茶に適した温度の湯を静かに注ぎます。表面に産毛が多く沈みやすい茶葉は、グラスに湯を注いでから茶葉を入れると良いでしょう（上投法）。緑茶などは茶葉が沈むまで、工藝茶は花が開くまで待ってから飲みます。湯を入れすぎると熱くて持てないのでグラスの7～8分目までにしましょう。半分くらいまで飲んだら繰り返し湯を注ぎ足して飲みます。

適しているお茶

緑茶、白毫銀針、黄茶、工藝茶、花茶など

蓋碗

ガイワン
Gàiwǎn

蓋付き湯のみ茶碗

蓋碗とは基本、碗、蓋、受け皿の３パーツで
１セットの茶器。啜り飲みに使ったり、急須
代わりに使うこともできます。碗の口が広い
ので大きな茶葉も入れやすく、蓋は茶葉が茶
と一緒に流れ出るのを防ぎます。

飲み方

あらかじめ湯を入れて温めた蓋碗に茶葉を入
れます（蓋碗を温めた湯は捨てます）。お茶
に適した温度の湯を入れ、蓋をしたら適切な
時間、抽出をします。湯のみとして使う時は
そのまま啜り、急須として使う時は蓋をずら
して隙間からお茶だけを茶海（チャーハイ：
ピッチャーのこと）などに注ぎます。直接杯
に注いでも大丈夫。

適しているお茶

すべてのお茶

優しい色合いの蓋碗と華やかな蓋碗。縁の反り具合や厚みの具合が啜り飲みや急須使用にもちょうどよいのです。

湯のみとして使う時は、蓋をずらして隙間からお茶を啜るように飲みます。お皿を持って飲むことができるので熱いお茶も平気です。

急須として使用する場合も蓋を少しずらして隙間から茶海などに茶を注ぎます。茶漉しを使うと細かな茶葉が茶に入るのを防ぐことがきます。

茶壺

チャーフー
Cháhú

茶壺を育てる楽しみ 「養壺(ヤンフー)」でお茶道楽

急須

茶壺とは日本でいう急須のこと。中でも有名な紫砂壺(しさ)は、江蘇省宜興市(ぎこう)のみで採れる特殊な陶土を使って作られた茶壺で、保温性と通気性の高さを併せ持つことから高温でのお茶の抽出と茶葉の蒸れを防ぐ効果に優れています。茶壺は香りを吸収するため、同じ種類の茶葉を入れ続けることで茶の香りや茶葉に含まれる油分を浸透させ、時間とともに育てていきます。これを養壺といいます。お手入れは洗剤などは使用せず、水でさっと洗い流す程度にしよく乾燥させます。

飲み方

茶壺の使いはじめは水で丁寧に洗い、この茶壺で淹れる予定の茶葉を入れて熱湯を注ぎ、お茶を浸した状態でしばらく置きます。すぐにツヤを付ける場合は、茶壺が浸る程度の水と茶葉を入れた鍋の中に入れ、とろ火で煮る方法もあります。淹れ方は、あらかじめ湯で温めた茶壺に茶葉を入れ湯を満水になるまで入れ蓋をします（蓋をした時に湯が溢れ出るくらい）。適切な時間抽出したら、茶海に注ぎ茶杯に移していただきます。

適しているお茶

烏龍茶、黒茶

片手にすっぽりおさまるコロンと可愛い紫砂茶壺。小ぶりなので2人分を淹れるのにピッタリ。

茶杯

チャーペイ
Chábēi

小さな湯のみ茶碗

お茶を飲むための杯です。常に温かいお茶が飲めるよう飲みきりサイズなので日本の湯のみなどと比べるとかなり小さめです。写真のほかにも、コウモリや金魚など縁起が良いとされる図柄や、ガラス製や紫砂で内側に釉薬をかけたものなどさまざまあります。

飲み方

茶海から茶杯に茶を注いで直接口をつけて飲みます。茶を注ぐ前に、蓋碗などと同様にあらかじめ湯を注いで温めておきます。こうすることでお茶の温かさを損ねることなく味や香りを楽しむことができます。3口ほどで飲み干せる量なので、飲んでしまったらまたお茶を注ぎます。お茶の色（水色）を楽しみたい時は内側が白い茶杯を用いると良いでしょう。

適しているお茶

すべてのお茶

季節に合わせて使う蓮や桃、梅の絵柄の茶杯と、季節や淹れるお茶を選ばないレトロ可愛い茶杯。お茶を味わうのにちょうど良い薄さなのも魅力です。

もう少し、こだわってみたいなら

中国茶を本格的に始めてみたいけれどんな道具から揃え
たら良いのかわからない、いろいろなお茶を淹れることが
できる茶器ってどんなものなの？　と疑問に思われる方も
多いのでは。中国茶のお店が近くにあればお店の方に相談
するのがベストなのですが、近くにないこともあるかもし
れません。そういう方にピッタリなのが必要な道具すべて
がセットになったもの。こちらはお茶を淹れる急須がわり
の蓋碗、茶海、茶杯2つがセットになったものです。素材
は磁器でお茶の色や香り移りもないので、さまざまなお茶
を淹れることができます。あとは茶葉とお湯を用意するだ
けで中国茶を楽しむことができますよ。

茶海

チャーハイ
Cháhǎi

ピッチャーのこと。茶海は必須ではあり
ませんが、5人ほどの人数にお茶を注ぎ
分ける際に、お茶の濃度を均一化する役
目があります。また蓋碗のお茶が茶杯に
入りきらない場合にも茶海がある方が便
利です。

スターターセットとして最適なだけでなく、景徳鎮窯の白磁で作られた上品かつ優雅な色合いと滑らかなシルエットでどんなシーンにもマッチします。長く
使い続けられる一生もののセットです。

茶盤（上）

こちらは竹製の茶盤。茶盤は上に茶器などを置いて下に不要な湯や茶殻などをためます。茶藝などで用いられるものですが、中国茶は湯をたくさん使うため、あるととても便利な道具です。

茶漉し（下・左）

細かな茶葉なども濾すことができるステンレス製の茶漉し。ステンレス製のほかにもガラス製やひょうたんで作られたものも。茶漉しと茶漉し置きがセットになったものもあります。

ガラス製の茶海（下・右）

左頁の陶器製のものと同じです。ガラス製も白い陶器製も水色が確認しやすく、扱いもラクです。

簡単な淹れ方

これらのセットを使ったシンプルな淹れ方を紹介します。

1 あらかじめ蓋碗、茶海、茶杯を湯で温めておきます。

2 温めていた湯を捨て、蓋碗に適量の茶葉を入れます。

3 茶葉の入った蓋碗に、適切な温度の湯を注ぎます。

4 茶葉に合った抽出時間を経たら、茶海を温めていた湯を捨て、蓋碗の蓋をずらして茶海に注ぎ入れます。この時茶漉しを用いると細かな茶葉も入りません。

5 茶杯を温めていた湯を捨て、茶海からお茶を注ぎ分けます。茶海のお茶がなくなるまで茶杯に注ぎ分け、なくなったら2煎目を淹れます。

美味しくお茶を淹れるコツ

知っておくとより美味しくなる、お茶を淹れる時の豆知識。

　　　中国茶を淹れるのは難しそう、とよく言われますが実はそんなことはありません。ポイントは湯の温度、湯の量、茶葉の量の3つが適切であること。ここでは甘露的おすすめの淹れ方をご紹介いたしますのでまずは中国茶を淹れてみてください。そのあとでご自分の好みに合うよう湯の温度、量、茶葉の量を調整していけば良いのです。自分好みのお茶が淹れられた時は、思わずニンマリしますよ。

緑茶や黄茶の場合

可愛らしい新芽や綺麗な形の茶葉を目でも楽しむことのできる、耐熱ロンググラスでの淹れ方です。

● 茶葉をグラスの底が隠れるくらい（300㎖前後容量のグラスで1～2g程度）に入れます。80～90℃くらいの湯を茶葉全体が湯に浸かるくらいに少し注ぎ、グラスを傾けたりしながら茶葉と湯をなじませます（この時の茶葉の香りも楽しみましょう）。その後、グラスの7～8分目まで湯を注ぎます。最初茶葉が浮いてきてしまう場合は、フーフーと息を吹きかけて茶葉を避けながらちょっとずつ飲みます。グラスの1/3くらいまで飲んだら差し湯をしていくと味がなくなるまで飲み続けることができます。

● 蒙頂甘露や碧螺春などは産毛が多く繊細なので、グラスに湯を注いでから茶葉を入れる方法（上投法）もおすすめです。

白茶の場合

白茶は茶葉を揉捻（じゅうねん）（揉み込む）していないため味の出方がゆっくりです。

● 白毫銀針は芽の美しいお茶なので緑茶と同じように耐熱グラスで淹れるのがおすすめ。ただし、抽出に時間がかかるので茶葉が沈むまでのんびり楽しみましょう。

● 白牡丹や月光白など葉も含まれた白茶の場合は、茶葉の渋みが出やすいのと、茶葉のサイズが大きいので蓋碗で淹れます。温めておいた蓋碗（100㎖前後の容量）に3g程度の白牡丹を入れ、85～95℃くらいの湯を注ぎます。抽出時間の目安は約1分で、茶海（ピッチャー）に注ぎます。ゆっくりと味が出るので、何煎も淹れることができます。

烏龍茶の場合

烏龍茶の特徴はなんといっても香りの高さ。その香り成分を存分に引き出すためには、高温で抽出することがポイントです。

● ここでは保温効果の高い紫砂茶壺を使った台湾高山茶の淹れ方をご紹介します。茶壺の容量にもよりますが、100㎖前後の茶壺で茶葉の量は3～5g程度を用意します。あらかじめ茶壺は熱湯で予熱しておくのも大切です。茶壺に茶葉を入れ、湯（95～100℃）を半分程度注いだらすぐにピッチャー（茶海）に湯を捨ててしまいましょう。この作業をしておくと失敗しにくくなります。次に、湯（95～100℃）を茶壺に満水になるまで注ぎ（蓋をした時に溢れるくらいがちょうどよい加減）、約1分待ってピッチャーに注ぎます。

● 台湾高山茶のようにギュッときつく丸めてある茶葉は、最初に茶葉が開くまでに時間がかかります。でも茶葉がすでに開いた2煎目以降は1煎目より短い時間でサッと抽出し、味や香りが薄くなってきたら徐々に抽出時間を長くしていくと良いでしょう。

紅茶の場合

紅茶の香りと味を引き出すために、高温短時間で抽出することがおすすめです。ただし、紅茶の中でも金駿眉のように芽を用いる紅茶は90℃くらいのやや低めで抽出してみましょう。

● 蓋碗を用いて淹れます。蓋碗は沸騰した湯で予熱しておきます。100㎖前後の蓋碗に対し、茶葉の量は3〜5g用意し、蓋碗に入れます。95〜100℃の湯を注ぎ蓋をしたら、20〜30秒程度ですぐに茶海に注ぎます。紅茶は茶汁が出やすいので、2煎目は最初よりも短くし、それ以降もなるべくサッサッと淹れると煎持ちが良くなります。

● 中国紅茶でこういった淹れ方をすると、最初は少し薄く感じるかもしれません。しかし煎を重ねるうちに徐々に紅茶の甘さや味わいが口の中で広がっていくのが感じられると思いますよ。

黒茶の場合

黒茶は煎持ちするものが多いので、茶壺や蓋碗などで何煎も楽しむ方法と、蔵茶や茯磚茶はケトルなどで煮出す方法があります。今回は普洱茶での淹れ方をご紹介します。

● 普洱茶は厚みのある味わいが特徴となりますので、高温短時間で抽出していきます。使用する茶器は蓋碗です。100㎖前後の蓋碗に対し、茶葉の量は3〜5g用意します。あらかじめ温めておいた蓋碗に茶葉を入れますが、ここで大切なポイント。普洱茶は必ず一度茶葉に湯を通してから1煎目を淹れることをおすすめします。これは、普洱茶は緊圧して寝かせているものが多いため、味の抽出に時間がかかるからです。湯通しをしたらすぐに湯は捨て、95〜100℃の湯を注ぎ蓋をしたら10秒〜20秒ほどで抽出をします。2煎目以降も同様に短い時間で淹れていきます。

● 普洱茶は非常に煎持ちが良く、淹れるごとにしっかり湯を出し切れば10煎は飲めるコストパフォーマンスの良いお茶です。

茶葉の保管の仕方

　茶葉に共通する苦手なものは、湿気、ニオイ、直射日光の3つです。ですからこの3つを避けて保存することがポイントになります。

　乾燥した茶葉は湿気やニオイを吸収しやすく茶葉の味や香りを損ねる要因になります。開封した茶葉はできるだけ空気を抜いて密封し、冷暗所に保存すると良いでしょう。ただし茶葉のフレッシュさが特性である緑茶などはなるべく早く飲み切ってしまう方が良いです。未開封の茶葉であれば冷蔵庫で保管すると比較的長期で保存可能ですが、一度冷蔵庫から出した茶葉は再び冷蔵庫に戻さないこと。結露が起こってお茶が台無しになることも多いからです。

　例外として多くの黒茶は密封せずに包装紙に包んだ状態で保管することが多いのですが、その際も風通しの良い湿気やニオイのない場所で保存しましょう。

楽しみ方、エトセトラ

中国茶がもっと身近になる暮らしの中の楽しみ方。

水筒で持ち歩く

　中国では空港や大きな駅の構内などには無料の給湯器が設置されており、多くの方がマイボトルに湯を注いで銘々の好みのお茶を淹れて飲んでいます。茶葉だけのことも、（おそらくは）自分でブレンドしたなつめやクコ入りなどの健康茶のようなものを飲んでいる姿もよく見かけます。ペットボトルのお茶も普及していますが、まだまだマイボトルでお茶を飲む習慣は根強く残っているようです（ちなみに中国のペットボトルのお茶は日本と異なり加糖タイプも多いので、購入の際はラベルをよく見た方が良いかも）。

多くは茶漉しが内蔵されており、茶葉が口に入ることもなく、急須の様な役割も果たしてくれます。また透明な耐熱素材で作られているため、茶葉が開いていく様子や、水色（茶水の色）も鑑賞することができます。半分くらいまで飲んだらまた湯を注ぎ足し、香味がなくなるまで飲み続けます。好きな中国茶を持ち運んで、しばしホッと一息、なんて贅沢な時間はいかがでしょうか。

水出ししてみる

　ペットボトルで簡単に中国茶の水出し。市販のペットボトルのミネラルウォーターに直接茶葉を入れて一晩冷蔵庫に置いておくだけでとっても美味しい水出し茶ができます。おすすめなのは、緑茶や香りの良い烏龍茶、ジャスミン茶など。時間はかかりますが、スッキリとした甘いお茶になります。ペットボトルは飲み終えたら茶葉を出してから捨ててくださいね。

ピクニック専用茶器!?

　こちらはトラベル用の茶器セット。蓋碗と茶杯、温め用の湯を捨てられる茶盤が1つのポーチに収まるようになっています。旅行先などでもお茶を淹れて愉しみたい時にピッタリです。私はいつもこのトラベルセットとお気に入りの茶葉を何種類か用意して持っていって、宿でゆったりした時間を味わっています。ほかにもいろいろなトラベル茶器セットが売られていますので気になる方は探してみては。

開けた様子。

忙しい日常を離れて旅先でゆっくりとお茶が淹れられることはなにより贅沢な時間。だからよくこのセットを携帯して旅に出ています。こういったセットに限らず、茶器を持って旅に出る中国茶ラバーは多いかも。

中国のおやつ

焼き、蒸し、煮炊き、甘い、しょっぱい、スパイシーなどバラエティ豊かな手法と味わいを持つ中国のおやつをめぐる旅。なお中国においては菓子に限らず1つのものを指す言葉が何種類もあったり、同じ言葉が地域によって異なるものを指すこと、そして名前の由来にいくつもの説が存在することがあります。本稿では現地人である取材者の意向を尊重し、表現を採用しています。ほかで言われていることと異なる表現がある場合には、そのような背景によるものとご理解ください。

北京の
おやつ

　元、明、清歴代の都が置かれた北京の菓子は、漢民族、モンゴル族、チベット族、満洲族、回族の食文化が溶け合っているのが特徴的です。元の世祖クビライが北京を都にしたのち、餑餑（ボーボー）というモンゴル族の食べ物が食べられるようになりました。明代に永楽帝が都を南京から北京へ移した際には江南地方の製菓の技術や道具が北京に持ち込まれ、北京の菓子作りに取り入れられました。さらに清代には満洲族の影響を受け、多文化が融合した菓子文化が育まれました。

北京のおやつ、いろいろ

餑餑（ボーボー）

　北京では、麦類や雑穀の粉で作った菓子を餑餑といいます。老北京（昔から北京にいる人）たちは餑餑を売るお店を「餑餑舗」と呼び、餑餑舗では満州族の額芬や薩其馬をはじめ、蘇式月餅、広式月餅も売られています。

　昔の餑餑舗は季節に合わせた菓子を提供していました。お正月には元宵（餡入りの白玉）、４月になると玫瑰鮮花餅（バラ餡のパイ）、藤蘿餅（藤の花餡のパイ）、５月にちまき、五毒餅（トカゲ、ムカデ、蛙、サソリ、蛇という５種類の毒を持つ生き物の模様をしている餅で、食べることにより邪毒をはらうとされている）、中秋節には月餅、重陽節に重陽花糕、冬には薩其馬と中華キャンディー（胡麻糖、花生糖）といった具合です。

　季節とは関係なく定番として出している菓子には「京八件」という、８つの意味が込められた菓子が有名です。「福」という字が書かれた「福字餅」、長寿を意味する桃の形をした「寿桃餅」など。「京八件」はいろいろなお店で売られていて、それぞれ中身は異なりますが、いずれも縁起を担いだものになっています。

上・中 / さまざまな餑餑。「富華斎餑餑舗」にて。左 / 「北京稲香村」の愛らしい餑餑詰め合わせ。

代表的な餑餑

◇ 額芬（エフェン）

満洲族の菓子で生地に牛乳が入っているため乳香がします。満洲族は小麦粉で作られた菓子をエフェンと呼び、額芬はエフェンの当て字です。

「富華斎餑餑舗」の額芬。

◇ 棗花酥（ザオホァスー）

「京八件」の１つ。お花の形をしていて棗餡が入っています。

◇ 七星典子（チーシンディエンズ）

チーズとクリームが生地に入っていて、表面に７つの穴があいているため七星典子と呼ばれます。

◇ 薩其馬（サチマ）

満洲族の菓子。小麦粉と卵を原料とした生地を細かく切り刻んで油で揚げ、蜜を絡めてあります。

「護国寺小吃」で売られていた薩其馬。

◇ 瓜仁油松餅（グァレンヨウソンビン）

ヒマワリの種、カボチャの種、松の実、クルミ、青梅などの餡が入った宮廷菓子です。

◇ 自来紅月餅・自来白月餅
（ズーライホンユエビン・
　ズーライバイユエビン）

北京の伝統的な月餅です。自来紅月餅（赤色）はゴマ油で生地を練ったもの、自来白月餅（白色）がラードで生地を練ったものです。自来紅月餅にはナッツと青紅糸（柑橘類や冬瓜のスライスの砂糖漬け。色が鮮やかな赤と緑で、月餅や麻花によく使われる）が入っているのに対して、自来白月餅の餡は山査子（ざしゃ）、桂花（けいか）、青梅などいろいろな種類があります。

餑餑のお店、いろいろ

清の時代に
タイムトラベルしたかのような餑餑舗

富華斎餑餑舗

創業者の王希富氏は宮廷御膳房シェフの末裔で、中国建築の専門家でもあったことから内装や家具、食器に至るまで清王朝時代の様式にこだわっている。出している菓子はかつての満洲貴族が好んだ宮廷菓子が中心。メニューにはそれぞれの菓子の歴史と、菓子に合うお茶が紹介されている。

（住所）　北京市西城区新街口街道護国寺街85号

清の時代にタイムトラベルしたかのような餑餑舗。

餑餑のお店、いろいろ

護国寺小吃（護国寺総店）

護国寺には清朝時代から毎月の縁日に出店が出ており、1950年代には政府が資金を出して名物の屋台を集め現在の「護国寺小吃」という店を作った。護国寺小吃には驢打滾、豌豆黄、蜜麻花などの代表的な北京小吃100種類以上が揃う。護国寺総店を1号店として天安門、地安門など9カ所の店があり、北京で最大規模の伝統小吃店になっている。

住所　北京市西城区護国寺大街93号

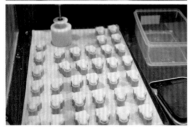

人気・知名度抜群の老舗餑餑店

北京稲香村零号店

1895年創業の北京伝統菓子の店。北京の伝統菓子や月餅、元宵などのおやつ以外にも肉の加工食品や冷凍食品、ちまきなど約600種類以上の商品を作っている。北京内外に多くの支店を持つほか、北京市内のスーパーなどにもカウンターを構える。2022年にオープンした零号店では伝統を守りつつ新たな商品が生み出されている。

住所　北京市東城区東四北大街152号

100種類以上の北京名物小吃が揃う小吃店

寒食十三絶
（ハンシーシー サンジュエ）

　冬至から数えて105日目にあたる寒食節には火を使って煮炊きすることが禁じられるため、あらかじめ用意しておいた冷たい食事（寒食）をとる風習があります。中国では地域ごとに異なる寒食を食べる風習がありますが、その中でも代表的なものが北京の寒食十三絶です。

寒食十三絶、いろいろ

◇ **姜汁排叉**（ジャンジーパイチャー）
排叉とは小麦粉をこねて作った生地を短冊状にし、切れ目を入れてねじったものを揚げた菓子。姜汁排叉はショウガを生地と仕上げにかける水飴に入れたものです。

「護国寺小吃」の姜汁排叉。

◇ **驢打滾**（リューダーグン）
生地に餡を入れてバームクーヘンのように何層にも重ね、表面にきな粉を塗ったもちもちの菓子。「ロバが地面に転がっている」ように見えることから中国語でそれを意味する「驢打滾」という名がついたといわれています。

◇ **豌豆黄**（ワンドウホァン）
エンドウ豆を蒸してから潰して、金木犀と砂糖を加えて冷やして3〜4 cmのブロックにカットして表面に蜜を塗ります。清の宮廷料理人が民間のスイーツを改良して生まれました。

◇ **蜜麻花**（ミーマーホァ）
発酵した小麦粉の揚げ物に蜜をかけたもの。耳の形に似ているので、「糖耳朵」とも呼ばれています。

乳製品

　北京では焼き菓子の生地に乳製品を使って味を付けるだけではなく、乳製品そのものが原材料になった菓子もあります。これらはおもに清王朝の貴族のアフタヌーンティーでよく食べられた宮廷スイーツの1つです。乳製品を売る店では「三元梅園」「奶酪魏」「文宇奶酪」「茶湯李」が有名です。

乳製品、いろいろ

◇ 奶巻 （ナイジュエン）

酸で固まった牛乳を滑らかにしてから薄くして、小豆ペーストや山査子ペースト、ゴマペーストをのせて巻いたものです。ロールケーキのような見た目で、宮廷奶巻とも呼ばれます。

「天橋茶湯李」の奶巻。

◇ 奶饽饽 （ナイボーボー）

酸で固めた牛乳を滑らかにしてから小豆や山査子の餡を包み、型で抜いたものです。

「三元梅園」の奶饽饽（左側）。

◇ 老北京酸奶 （ラオベイジンスァンナイ）

伝統的な飲むヨーグルト。昔は陶器やガラスの牛乳瓶で売られていて、飲み終わった後に瓶を返す必要がありました。現在ではプラスチック容器のものが多くなっています。屋台やスーパーで購入できます。

北京市内の屋台にて。飲み終わったものにはストローが刺さっている。

乳製品のお店、いろいろ

今の北京市民の生活に溶け込んだ
宮廷乳製品の店

三元梅園

1980年代に北京市牛奶公司が昔の宮廷料理の職人の後継者を集めて、秘伝のレシピをベースに作った宮廷乳製品の店。ラストエンペラー溥儀の弟、溥傑も認める宮廷の味といわれている。現在、北京には30店以上の店舗があり市民の生活に溶け込んでいる。奶酪（北京風チーズ）、酸奶（ヨーグルト）、奶巻、杏仁豆腐などが名物。

ふくよかな穀物の香りと風味

天橋茶湯李

奶巻以外に茶湯も食べられる。茶湯とはコーリャンやキビの粉を炒ったものに熱湯を入れて食べるお粥のようなトロリとした北京の伝統菓子で黒糖や白砂糖、ゴマ、干しブドウなどいろいろなトッピングをして食す。同店は1858年創業の茶湯専門店で、北京市内に多くの支店がある。

上海の
おやつ

上海は近代において時代に翻弄された都市の1つでした。そしてその時々の社会状況を背景に、独特で魅力的な文化が生まれました。上海の菓子も、そうした文化融合の集大成と言えるでしょう。菓子の種類を見るに当たっては、時代ごとの上海を取り巻く状況に応じて生み出された各系列に分けて取り上げてみました。

上海のおやつ、いろいろ

江南糕点（ジャンナンガオディエン）

米どころの江南地域に位置する上海には蘇州、杭州などと同様に糕団（もち菓子）の文化があります。糕団の代表的なお店に「沈大成」「虹口糕団食品廠」「純真糕点」など、幅広く江南点心を楽しめる有名店に「緑波廊」があります。

「沈大成」の店頭にあった青団。青団は新鮮なヨモギなどの汁ともち米を合わせた皮が青いことからこう呼ばれる蒸し菓子で、中に包まれるのは小豆やなつめなどの餡。地域ごとにいろいろな名前で呼ばれている。

上海の代表的な糕団店の1つ「沈大成」（総店）は1975年に創業した。双醸団、条頭糕、豆沙青団が看板商品（住所：上海市黄浦区南京東路636号）。

上海の老舗糕団店の1つ「喬家柵」が2019年にオープンした糕団とコーヒーの店。コーヒーと伝統菓子の融合に上海らしさを感じる（住所：上海市徐匯区淮海中路1314号）。

江南点心のお店

上海随一の江南点心レストラン

緑波廊

豫園内に位置する上海の看板レストラ
ン。米中日豪など各国の首脳をもてな
していることで有名。海派菜式で名を
馳せているが、精巧な見た目をした船
点が一番の看板料理。船点とは昔高級
クルーズで提供した江南点心で、中国
点心の最高峰といわれている。花や動
物を模すことが多く、食材と調理法に
非常にこだわっている。

（住所）　上海市黄浦区豫園路115号

広式点心

　上海が開港されたことで、それまで中国の海外貿易を独
占してきた広州に取って代わるようになり、上海は経済の
中心地となりました。そして多くの人が広東から上海へ広
東の食文化とともに流入してきました。代表的なお店は
「杏花楼」です。

堂々たる杏花楼の外観。手
前に停まっているのは店の
ロゴ入りトラック。

海派西点
（ハイパイシーディエン）

1842年の南京条約により上海の港が開かれました。イギリス、フランス、アメリカ、ロシア、日本などの上海租界が置かれ、海外のお菓子文化が中国の食文化と融合して独特な海派西点文化を生み出しました。

欧米由来の菓子を元に生まれたものとしては拿破崙（ミルフィーユ）、蝴蝶酥（パルミエ）、海外の食材をローカライズしてできたものに咖哩牛肉餃（ビーフカレーパン）、鮮奶小方（スクエアケーキ）などがあります。

海派西点の特徴はお菓子に使う材料やお菓子の見た目だけではなく、ネーミングにも表れていて、西番尼（シーファンニー）、白脱（バイトゥオ）、哈斗（ハードゥ）、別司忌（ビェスーチー）など、独特の当て字で付けられた名前が多く、その由来にも諸説あるようです。

代表的なお店は「紅宝石」「凱司令」「老大昌」「哈爾浜食品廠」です。

「老大昌」の店頭では焼き菓子の量り売りが。

「凱司令」の鮮奶小方。

白脱（バター）を使ったプチケーキの掲示。

上海の代表的な海波西点のお店

◇ 紅宝石

1986年創業。中英合資経営企業のため、インテリアもメニューも漢洋折衷。歴史は長くないが地元民に愛されている西洋菓子店で、上海市内に76店舗（2023年1月現在）を構えるチェーン店でもある。

◇ 哈爾浜食品廠

創業1936年。ロシア式の菓子から出発し、上海の文化と融合した菓子店へと発展した。胡蝶酥などが人気。

（住所）　上海市黄浦区淮海中路603号

◇ 凱司令（南京西路店）

1928年に「凱司令西餐社」としてオープンした洋菓子店。中国の作家、張愛玲の作中にも登場している。

（住所）　上海市静安区南京西路1001号

◇ 老大昌

パンやケーキ、月餅で名を馳せる老舗洋菓子店。上海らしい西番尼、朗姆蛋糕、白脱蛋糕などが有名。

（住所）　上海市黄浦区淮海中路558号

蘇州のおやつ

中国の江南地方に位置する蘇州は地理と気候に恵まれた土地です。古くから「魚米之郷」（豊かな水産物と農産物に恵まれた場所）と呼ばれ、栄えてきました。物産が豊かな蘇州には「不時不食」（時ならざるは食わず）という言葉があり、日本人と同様に食材の旬を重視するといいます。菓子についても同じで「春餅、夏糕、秋酥、冬糖」として、季節ごとに食べるものが変わります。

蘇州のおやつ、いろいろ

春餅（チュンビン）

餅はおもに小麦粉生地の円盤状の食べ物を指します。蘇州の餅として有名なものは、酒醸餅、麻餅などが挙げられます。餅ではないですが、清明節に青団という団子を食べる習慣もあります。

◇ 麻餅（マービン）
ゴマをたっぷりまぶしたお菓子で、パリッとしたタイプとモチっとしたタイプの2種類あります。

麻餅の中では特に松子棗泥麻餅（表面にゴマがたくさんまぶされた棗と松の実餡の餅）が人気です。松子棗泥麻餅を売っている店では「乾生元」が有名。

◇ 酒醸餅（ジョウニャンビン）
酒醸とはもち米に麹を加え、発酵させた調味料で日本の甘酒に似たものです。生地には酒醸が入っています。餡はこし餡、バラ、蓮蓉、栗などいろいろな種類があります。

老舗「采芝斎」の酒醸餅。餡がみっしり。

夏糕（シィアガオ）

広義の糕はもち粉や米粉生地のもちもちとした蒸し菓子、あるいは小麦粉生地のふわふわとした焼き菓子を指します。蘇州の有名な糕としては緑豆糕、黄松糕、薄荷糕、大方糕、海棠糕、梅花糕、炒肉餡団子、双餡団子などが挙げられます。

◇ 炒肉餡団子（チャオロウシエントゥアンズ）
蒸したもち米粉の生地で、刻んだ豚バラ肉、エビ、きのこ、金針菜、きくらげ、椎茸などからなる餡を包み、最後に上から出汁をかける団子です。

◇ 海棠糕（ハイタンガオ）
たい焼きを焼くような機械で焼きます。7つの海棠糕が一斉に焼き上がる様子が海棠（ハナカイドウ）の花のように見えるため、その名が付きました。

◇ 梅花糕（メイホァガオ）（①〜③）
海棠糕とセットでよく見られます。作り方も海棠糕に似ていて、側面から見るとアイスクリーム・コーンのような形をしていて表面に白玉やナッツ、ドライフルーツがのせられた様子が梅の花に見えるため梅花糕と呼ばれています。

◇ 松花団子（ソンホァトゥアンズ）（④⑤）

松花粉（マツ類の雄しべで作られた粉）ともち米を用いて作った団子。中の餡はいろいろな種類がある。

◇ 大方糕（ダーファンガオ）（⑥〜⑧）

白い皮が薄く餡たっぷり。甘いタイプとしょっぱいタイプがあり、甘いものはバラやハッカ、小豆など、しょっぱいものは肉が具になっている。

◇ 猪油鹹糕（ジューヨウシエンガオ）（⑨⑩）

もち米にラードと塩、ネギなどを混ぜ込んで作ったもの。

◇ 猪油年糕（ジューヨウニエンガオ）（⑪⑫）

「猪油鹹糕」に対してこちらはラードを使った甘いもち。味はバラ、キンモクセイ、ハッカなどさまざま。

◇ 定勝糕（ディンシェンガオ）（⑬⑭）

ほろりと崩れるもち米ベースの生地に、甘い小豆餡が包まれている。

◇ 肉餡粢毛団（ロウシエンズーマオトゥアン）（⑮）

粒の残ったもち米で肉の餡を包み込んだもの。ほかの地域では甘いものもある。

◇ 双餡団子（シュアンシエントゥアンズ）（⑯）

もち米とうるち米を混合して皮を作る。餡も小豆と黒ゴマの２種類が使われている。双醸団子とも呼ばれる。

①②梅花糕を作っている様子。「陳老大」にて。③「黄天源」の梅花糕。④⑤「万福興」の松花団子。⑥〜⑧「万福興」の大方糕。⑨⑩「万福興」の猪油鹹糕。⑪⑫卵をまとわせて焼いて、猪油年糕を調理。自分流アレンジをするのも楽しい。⑬⑭「万福興」の定勝糕。⑮「万福興」の肉餡粢毛団。⑯蘇州の糕点メーカー「黄富興」の双餡団子。

蘇州のおやつ、いろいろ

秋酥（チォウスー）

　酥（スー）はサクサクとした小麦粉生地の中華菓子を指します。餅と重なっている部分もあります。蘇式月餅、巧酥、杏仁酥、如意酥、菊花酥、袜底酥、蟹殻黄などがよく知られています。中でも代表的なものは蘇式月餅です。

◇ 蘇式月餅（スーシーユエビン）
日本で月餅として最も知られている広式月餅より分厚くサクサクとしたパイ生地になっています。餡も多種多様ですが、豚肉が入った鮮肉月餅がもっとも人気です。蘇式月餅の有名なお店として「長髪」「胥城」「花園餅屋」などがあります。

◇ 袜底酥（ワーディースー）
靴の中敷と似ている細長い形をしているので、袜底酥と名付けられました。蘇州の有名な茶館「南園茶社」では茶菓子として出されています。

1886年創業の「葉受和」の袜底酥。

◇ 蟹殻黄（シェクーホァン）
パリッとサクッとした生地が黄金色になる様子をカニの殻に見立てて名付けられました。中身は地域によって異なります。

「万福興」の蟹殻黄。

冬糖（ドンタン）

　糖はキャンディーのことです。かつての蘇州で冬の寒い時期、巷にやって来る飴売りが風物詩となっていたことから、今でも冬のイメージがあります。蘇州の有名なキャンディーとしては麻酥糖、松子軟糖、粽子糖が挙げられます。

◇ 粽子糖（ゾンズタン）
形がちまきに似ているため「粽子糖」と名付けられました。中に松の実が入っているものが多く「松仁糖」とも呼ばれています。琥珀のように透明な粒です。

キャンディーで名を馳せる老舗「采芝斎」のもの。

◇ 酥糖（スータン）
すりゴマやきな粉などに砂糖を加えて作る菓子で、甘くてふんわりと柔らかな口当たり。麻酥糖はすりゴマで作った酥糖。バラやハッカ味なども。

「采芝斎」の酥糖4種セット。

◇ 軟糖（ルァンタン）
柔らかいキャンディーのこと。グミよりソフトでねっとりしたものや、逆にかなり硬めなものまでいろいろです。

「采芝斎」の軟糖。

蘇州おやつの老舗

安くて美味しい
蘇州糕団の人気店

万福興（東中市店）

1911年創業の蘇州糕団の店。店内では蘇州の麺も楽しめる。看板商品の猪油糕、松糕以外に季節に応じた糕団も販売される。安くて美味しいことで人気が衰えない。

住所　蘇州市姑蘇区東中市12号

伝統芸能の評弾も楽しめる
蘇州キャンディーの老舗

采芝斎（観前街店）

1870年創業の蘇州キャンディーで名を馳せる老舗。看板商品は粽子糖と松子軟糖。伝統芸能の評弾も楽しめる。

住所　蘇州市平江区観前街91号

あらゆる蘇州特色の
もち類が揃う

黄天源（観前街店）

1821年創業。糕団以外にも梅花糕、海棠糕などあらゆる蘇州のもち類を販売している。糕団ギフトパックも取り扱う。

住所　蘇州市姑蘇区観前街86号

広州の
おやつ

「食在広州（食は広州にあり）」という言葉はとても有名ですが、そのほかにも他の地域の人が広州人に対して「天上飛的除了飛機，四条腿的除了桌子什么都吃（空に飛ぶものは飛行機以外、四つ足のものはテーブル以外何でも食べる）」という冗談もあります。それほどまでに食いしん坊の広州人は多様な食材を美味しく調理する知恵を持ち、美味しいものを食べるための手間を惜しみません。さらに、暑く湿度が高い広州には医食同源の考え方も根付いており、体調に合わせて食材を選ぶことも特徴の1つです。

広州のおやつ、いろいろ

糖水（タンシュェイ）

　広州のおやつというと、まず糖水が挙げられます。糖水とは広東や広西、海南、香港など南の地域で食べられる甘味のことです。「水」といっても液状のものだけを指すのではなく、お汁粉やトロトロのスープ、ミルクプリンなどさまざまなものが糖水と呼ばれます。広州人は「飲糖水（糖水を飲む）」と言わずに「食糖水（糖水を食べる）」という言葉を使います。

　糖水の材料は基本的に薬膳の考え方をもとにしており、体調を整える働きも期待できます。夏には海帯緑豆沙（昆布入りの緑豆お汁粉）で熱を鎮め、秋には梨で肺に潤いを与え、冬は生姜で身体を温めるといった具合です。

　代表的な糖水には楊枝甘露（マンゴーとグレープフルーツの果肉入りのココナツミルク）、海帯緑豆沙（昆布入り緑豆のお汁粉）、双皮奶（広東式ミルクプリン）、姜撞奶（生姜ミルクプリン）、馬蹄爽（クワイのドリンク仕立て）、芝麻糊（黒ゴマのお汁粉）、木瓜銀耳糖水（パパイヤときくらげのスープ）、銀耳桃膠羹（白きくらげと桃の樹液のスープ）などがあります。

◇ 双皮奶（広東式ミルクプリン）

甘露でも定番メニューの1つとなっている双皮奶は、広州の隣、仏山市順徳で生まれました。順徳には水牛を飼う地域があり、脂肪分が高い水牛の乳で作られたミルクプリンは美味しいと評判になりました。

「南信牛奶甜品専家」の双皮奶。

◇ 椰汁馬蹄爽（クワイのココナツドリンク仕立て）

濃厚なココナツとクワイのすっきりした風味と食感のドリンク仕立てのおやつ。

「南信牛奶甜品専家」の椰汁馬蹄爽はコーンの粒入り。

糕餅（ガオビン）

　小麦粉や米粉で作った菓子のことをいいます。広州では「広式月餅」をはじめ「酥餅」（パイ）や「綾酥」（結婚式で来賓に配る菓子）、「老婆餅」（冬瓜の餡のパイ）、「鶏仔餅」（豚肉脂の甘じょっぱいクッキー）などがあります。

◇ 広式月餅（グァンシーユェビン）

中国では地域ごとに月餅の特徴が異なりますが、広式月餅、京式月餅（北京）、蘇式月餅（蘇州）、滇式月餅（雲南）の４つが伝統四大月餅とされています。その中でも広式月餅が最も食べられているため、月餅＝広式月餅というイメージが固まっているようです。日本で見られる月餅もほとんどが広東式です。広式月餅は皮が薄めで柔らかく中にずっしりとした餡が入っています。餡の種類は多種多様ですが代表的なのは蓮蓉餡（蓮の実餡）。アヒルの塩漬け卵黄が入っているものもよく見られます。

◇ 鶏仔餅（ジーザイビン）

パイ生地の焼き菓子以外に、鶏仔餅という10種類以上の材料を使った甘じょっぱいクッキーもあります。「氷肉」という豚の脂を酒と砂糖で漬け、氷のように透き通った状態にしたものや腐乳が使われ、独特の味わいになっています。

◇ 酥餅（スービン）

中国式のパイのこと。月餅は皮薄め、餡がずっしりというのに対して、酥餅は生地がサクサクホロホロとしたものが多いです。榴蓮酥（ドリアンパイ）、綾酥、老婆餅などが特に有名です。

◇ 綾酥（リンスー）

嫁女餅とも呼ばれ、広東人の結婚式で来賓へのギフトとして供されます。白、黄、赤、オレンジ、４色のものがあり、綾は古代の貴重な織物の綾、羅、綢、緞の中の１つで、富を象徴しています。餡は蓮蓉餡、豆餡、小豆餡です。

◇ 老婆餅（ラオポービン）

中国語の「老婆」は日本語でいう「おばあちゃん」ではなく「奥さん」。老婆餅の名前の由来については諸説ありますが、舅の治療費のために身売りした妻を連れ戻すために夫がこの菓子を作って金を稼いで連れ戻したことから名付けられたという説がよく知られています。ホロホロの皮にもちもちシャリシャリの餡で、餅をベースに冬瓜の砂糖漬けが入っています。甘露でも定番の焼き菓子です。

広州おやつのお店

老婆餅をはじめて売り出した老舗

蓮香楼 （第十甫店）

1889年創業の老舗。蓮蓉館月餅の元祖とされている。創業時は「連香糕酥館」だったが、蓮蓉館の菓子の評判が良かったため「蓮香楼」になった。綾酥、鶏仔餅、老婆餅なども販売。はじめて老婆餅を売り出したお店としても知られている。

> 住所　広州市荔湾区第十甫路67号

地元っ子に愛されるスイーツ店

南信牛奶甜品専家

80年以上の歴史を持つ、地元の人も行くスイーツ専門店。双皮奶が有名で、ワンタン麺など軽食メニューも充実している。

> 住所　広州市荔湾区第十甫路47号

香港の
おやつ

　広州から直線距離で130kmほどの位置にある香港の食は広東料理がベースになっていますが、イギリスの自由貿易港時代以降、西洋の食文化からも強く影響を受けてきました。洋食と広東料理が融合してできた、香港らしい食文化の1つに茶餐庁があります。スイーツを提供する「氷室」（ビンシー：普通話読み、ビンサッ：広東語読み）と呼ばれるカフェが、徐々に高級レストランでしか食べられなかった洋風の軽食も出すようになり、メニューが充実した結果、現在の茶餐庁のスタイルになりました。茶餐庁で人気の香港らしいおやつには菠蘿包、蛋撻、西多士などがあります。

香港のおやつ、いろいろ

◇ 菠蘿包
（ポールォパオ：ボーローパーウ）

香港式のいわゆる日本でいうメロンパンです。菠蘿とはパイナップルの意味なので、メロンパンというのは日本人にしか通じないかもしれません。サクサクのパン生地の中にひんやりと冷やしたバターのスライスを挟んだものは「氷火菠蘿包」と呼ばれます。

◇ 蛋撻（ダンター）

エッグタルトです。蛋は卵を意味し、撻はタルトの音に由来します。香港を統治したイギリスとマカオを統治したポルトガル、それぞれの影響を受けて生まれ、広まりました。

◇ 西多士
（シードゥオスー：サイドーシー）

香港風のフレンチトーストです。食パン2枚にピーナツバターを塗って挟み、揚げ焼きにします。仕上げにバターをのせてメイプルシロップをかけて食べます。

香港おやつのお店

香港随一の菠蘿包をどうぞ

金華氷庁

ショッピングエリアの旺角（モンコック）にある、香港で一番美味しいといわれる菠蘿包の店。早朝から供されるモーニング、アフタヌーンティーセットなども。本ページで紹介したおやつはすべて同店のもの。

住所　香港特別行政区油尖旺区太子弼街47号地下

成都の
おやつ

成都は豊かな成都平原に位置し、古くから「天府之国」と呼ばれる内陸の都市です。三国時代の蜀、五代十国時代の前蜀・後蜀の都でもあり、中国の十大古都の1つとされています。気候に恵まれて経済は発展し、西南中国の中心地となっています。成都平原は山に囲まれた四川盆地の中にあることから、外部との交流が少なく自給自足の経済圏が形成され、のんびりとした文化が育まれました。

成都のおやつ、いろいろ

四川省のもち米文化

　スパイシーな料理を食べるイメージが強い四川省ですが、もち米を食べる食文化があります。

　「給四川人一把糯米，他們可以做出一桌美食。（四川人に一握りのもち米をやれば、宴会ができるほどの豊富な料理を作る）」という言葉があります。四川省において、もち米の食べ方は豊富で、揚げる、茹でる、蒸すなど多彩な食べ方があります。

● 揚げる

◇ 紅糖糍粑（ホンタンツーバー）

もち米粉で作った生地を蒸してから油で揚げ、表面にきな粉をまぶして、さらに紅糖のシロップをかけたものです。辛い火鍋のお供として、よく食べられます。「粑」はモチモチとした食感の食べ物という意味です。

◇ 油糕（ヨウガオ）

カリッとしたもち米の揚げもの、四角い形でピーナツ入りの「方油糕」と、小豆の餡が入って真ん中をへこませた「窩子油糕」（窩子はへこみという意味）の2種類があります。揚げパンや豆乳などと共に、道端の朝ご飯屋さんでよく見かけます。

◇ 糖油果子（タンヨウグォズ）

もち米粉で作った団子を大きな中華鍋に投入して紅糖を入れ、こんがりと揚げる揚げもち団子です。家庭でも作られますが、お店で売られる場合は、できた団子を串に刺して表面にゴマをふりかけたものがよく見られます。

● 蒸す

◇ 葉児粑 （イェアルバー）

もち米粉と米粉で作った生地に肉の餡を入れ、粽葉（ちまきを包む葉っぱ）などで包んで蒸す、四川省を代表するおやつです。四川省内でも地域ごとに違っており、成都のものはヨモギで緑色に色を付けたものが多く、四川省の南に位置する自貢、宜賓、瀘州地域のほうに行くと白いものが多くなります。白い葉児粑は子豚のように見えることから「猪児粑」とも呼ばれます。

◇ 甜焼白 （ティエンシャオバイ）

焼白は豚バラ肉を蒸したもので、他の地域では「扣肉（コウロウ）」とも呼ばれます。四川省の焼白には「鹹焼白」と「甜焼白」の２種類があり、「甜焼白」は豚バラ肉にもち米と小豆の餡を挟んで蒸し、表面に砂糖をふりかけて食べます。菓子宴会の人気メニューです。

◇ 瀘州黄粑 （ルージョウホァンバー）

成都の東南、貴州省と接する瀘州市の瀘州黄粑（良姜の葉っぱで包んで蒸す紅糖風味のもち）も、よく知られる蒸し菓子です。

● 茹でる

◇ 醪糟粉子 （ラオザオフェンズ）

湯圓（タンユェン）、いわゆる白玉団子は全国的に食べられますが、四川省には餡が入っていない湯圓を食べる習慣があります。餡のない湯圓を四川では「粉子」と呼びます。粉子は丸い形をしていないものもあります。醪糟粉子は、お湯を張ったお椀に茹でた粉子と甘酒、時にかき玉や落とし卵を入れて、砂糖や紅糖で味付けしたものです。

● その他

◇ 三大炮 （サンダーパオ）

四川料理を代表するおやつの１つです。まず、もち米の団子を金属のお皿を置いた板に投げつけます。すると団子はバウンドし、きな粉が入ったザルに入ります。その表面にきな粉がまぶされたもち団子に、ゴマと紅糖シロップをかけて食べます。団子がバウンドする音が大砲のようだということで「三大炮」と名付けられました。成都市内の茶館で大きな音がしたら、三大炮の屋台が近くにあります。

● もち米以外のおやつ

もち米から作られるもの以外にも、さまざまなおやつがあります。

◇ 糍粑氷粉 （ツーバービンフェン）

氷粉とはオオセンナリの種を揉んで作られたぷるぷるとし
たゼリー状のものです。かき氷と氷粉にレーズンや山査子、
ピーナツ、ゴマ、そしてたくさんのきな粉もちをのせて、
最後にたっぷりの紅糖シロップをかける伝統的な糍粑氷粉
はとても人気があります。

手作りにこだわる氷粉専門店「眷蜀氷社・手工氷
粉」（住所：成都市青羊区奎星楼街23号）。

トッピング豊富で、さまざまな種類がある氷粉。

◇ **椒塩酥**（ジャオイェンスー）

四川料理でお馴染みのスパイス「花椒」を使ったクッキーのことで、四川特有の菓子。成都にある糕餅老舗、聞酥園の椒塩酥は特に有名。そのほか葱油酥というネギ味のクッキーもあります。

聞酥園は1988年に創業され、30年余りの変遷を経て現在は成都市内に複数店舗を持つ。伝統的な「量り売り」方式、つまり買った分の商品を秤に乗せて価格を決める方式で、品質が良く値段が安い商品を提供し続けている。地元民が愛してやまない店。

◇ **蛋烘糕**（ダンホンガオ）

小麦粉と卵で作った薄い円盤状の生地を折り畳んで、中に餡を入れるものです。外側はサクッと、中は柔らか。餡の種類が豊富で、砂糖、レーズン、クリームなど甘口のほか、肉でんぶ、じゃがいもの細切り炒め、牛肉などのおかず系も。かつては屋台を見かけましたが、近年では蛋烘糕の専門店も現れています。

蛋烘糕の専門店の様子。

119

昆明の
おやつ

　中国では西南の端に位置しますが、アジア全体から見れば中心部に位置する雲南省。その省都である昆明には漢民族のほかに20以上といわれる少数民族が住んでおり、食文化にも漢民族と少数民族の融合が多く見られます。さらに、滇越鉄道（昆明とベトナムのハノイを結ぶ国際鉄道。昆河線）がフランスからベトナムにもたらされた西洋の食文化を運んできたことで、昆明の食文化は多様性を増しました。暖かい気候に恵まれ、ほかの地域では希少な食材（きのこ、花）を活かした料理も多いです。

昆明のおやつ、いろいろ

滇八件（ディエンバージェン）

　北京に「京八件」があるのに対して、昆明には「滇八件」があります。滇八件は「一硬二白五紅（1つの硬いもの、2つの白いもの、5つの赤いもの）」からなります。なお「滇」とは雲南省を表す漢字です。

一硬：硬殻火腿餅（別称 雲腿月餅：雲南ハム入りの月餅）
二白：洗沙白酥、水晶酥
五紅：麻仁酥、玫瑰酥（別称 玫瑰鮮花餅）、鶏樅酥、火腿大頭菜酥など

◇雲腿月餅（ユントゥエユェビン）

細かく刻んだ雲南省名物のハム、雲腿（雲南ハム）に蜂蜜、砂糖、ラード、焼いた小麦粉を入れて練った甘じょっぱい餡が入った月餅です。一見すると生地の外側が硬く見えるため、硬殻火腿餅と呼ばれますが実際にかじってみるとサクサクです。100年ほど前に宮廷で菓子を作る満洲族の職人によって発明されたといわれ、生地や餡の材料、作り方など満洲族の菓子の特徴も取り込まれています。

コロンと丸い形をしている雲腿月餅。量り売り、パッケージ入りどちらもあり。

◇ 玫瑰鮮花餅（メイグェシエンホァビン）

花食文化は温暖な雲南省の食文化の特徴の１つといえます。バラ（玫瑰）の砂糖漬けを層生地で包んだ焼き菓子は、玫瑰酥または鮮花餅として全国的にも知られ、現在では昆明土産の代表格といえる存在になっています。

お土産にも向くパッケージタイプは大小サイズが揃う。

昆明おやつのお店、いろいろ

100年以上の歴史を持つ
昆明の中華老字号

吉慶祥

1907年創業。その後、雲腿月餅発祥の店「合香楼」と合併して現在の吉慶祥になった。地元の人にとっては「雲腿月餅」イコール「吉慶祥」といえるほど有名な店。月餅以外にも他の地域ではあまり知られていない昆明のローカルな菓子も取り扱っている。

住所　昆明市五華区護国街道華山南路87号

バラ畑を持つ鮮花餅屋さん

嘉華鮮花餅

雲南省内で300以上の店舗を持つ鮮花餅の専門店。三朵玫瑰一個餅（１つの鮮花餅に３本のバラを使う）というスローガンを掲げ、品質へのこだわりで地元民から愛されている。バラ以外に金木犀、ジャスミンなどの花を使った菓子も販売している。

台湾の
おやつ

　台湾の食文化は、複雑な歴史背景を経て独特のものになりました。福建料理や客家料理をベースに、原住民（台湾現地での先住民に対する呼称）の食文化が融合されたものが台湾料理の幹となっています。さらに大戦後に大陸から台湾へ渡ってきた人たちが大陸各地の料理を伝え、現地の人の好みや食材によってアレンジされていきました。日本料理の影響も受け、台湾風にアレンジされた日本料理も台湾では広く普及しています。

台湾のおやつ、いろいろ

夜市（よいち）

　夜市は台湾の代表的な食文化の1つで、観光的な面がイメージされがちですが、地元の人たちの食堂という側面もあります。夜市では台湾各地の名物料理や軽食だけでなく、果物、洋服雑貨、生活用品なども充実し、占い、足ツボマッサージなど台湾独特のサービスも体験できます。台湾全体で約300もの夜市があるといわれており、台北には饒河街観光夜市、寧夏夜市、士林夜市などの有名な夜市があります。

地元住民で賑わう夜市

南機場夜市

士林夜市や、寧夏夜市ほど観光客に知られていない下町の雰囲気が溢れる夜市。服や生活用品も売っている他の夜市に比べ、南機場夜市は飲食店がほとんどを占め、ローカルな食堂のよう。

（住所）　台北市中正区中華路二段307～315巷

● 夜市で人気の台湾小吃（軽食）

◇ 炸鶏排（ジャージーパイ）
鶏の唐揚げ。日本でもお店がたくさんできています。

◇ 甜不辣（ティエンブーラー）
日本でいうさつま揚げ。そのまま食べるものや、おでんのように出汁で食べるものがあります。発音が天ぷらと似ており、九州から伝わった日本の食べ物が名前とともに定着したようです。

◇ 蚵仔煎（オアジェン）
牡蠣オムレツ。牡蠣と刻んだキャベツなどの野菜を卵とデンプンでとじて、甘辛いソースをかけたものです。

◇ 臭豆腐（チョウドウフー）
いろいろな食べ方がありますが、発酵させた豆腐を素揚げして野菜の漬物と食べるタイプを夜市でよく見かけます。

◇ 地瓜球（ディーグァチョウ）
蒸したさつまいもにタピオカ粉と砂糖を加えて団子にして揚げたおやつ。外はさっくり、中はもっちりとした食感。

● 焼き菓子

台湾の焼き菓子は外側がサクサクとした生地のものが多く、緑豆椪、蛋黄酥、月娘酥、太陽餅、芋頭酥、鳳梨酥などがあります。丸い形をした緑豆椪や蛋黄酥は台式月餅としても知られており、大陸でも人気です。

◇ 緑豆椪（リュードゥポン）

緑豆餡のパイ。50代以上の台湾人にとっての月餅は緑豆椪を指すことが多いようです。雪のような白い生地と丸い形の緑豆椪は、まさに月のような見た目です。

◇ 芋頭酥（ユートウスー）

タロ芋の餡を、タロ芋にちなんだ紫色の渦巻き模様の生地で包んだパイ。

◇ 蛋黄酥（ダンホァンスー）

アヒルの塩漬け卵黄をこし餡で包んだパイ。表面に塗った卵液は黄金色に輝いて食欲をそそります。

◇ 鳳梨酥（フォンリースー）

日本ではパイナップルケーキと呼ばれる、台湾土産の代表的な菓子です。

創業150年以上の老舗、台湾菓子文化のシンボル

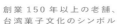

郭元益糕餅博物館（楊梅館）

1867年創業。地元の人にも愛されている台湾のブランド。2001年に郭元益糕餅博物館も設立し、菓子文化の紹介と菓子作り体験を提供している。

住所　桃園市楊梅区幼獅工業区青年路9巷1号

● 甘味

南国の食材に恵まれている台湾では、素材の味を生かしたスイーツもたくさんあります。

◇ 豆花（ドゥホァ）

台湾スイーツの定番です。タピオカ、芋団子、落花生、フルーツなど、さまざまなトッピングをのせて、シロップをかけて食べます。

◇ 仙草氷（シエンツァオビン）

かき氷にタロ芋団子、小豆と仙草ゼリーなどをのせて食べます。漢方食材の仙草ゼリーは身体にこもった熱をとる働きが期待できます。温かいものは「焼仙草」といいます。

◇ 芒果牛奶氷（マングォニォウナイビン）

ふわふわのかき氷に新鮮なマンゴーをモリモリにトッピングして、練乳をかけて食べるスイーツです。

長く親しまれる仙草ゼリー専門店

萬華林建発仙草氷

1970年創業。長年安定した味と評判。テイクアウトがメインなので並ばずに購入できる。

住所　台北市萬華区艋舺大道138号

喝杯茶，休息一下

それもこれもどれも月餅！？
各地でこんなに違う月餅のはなし

聞いたのはこの人

愛吃（アイチー）さん

「中華地方菜研究会〜旅するように中華を食べ歩こう〜」主宰。山西省への留学経験から、甘露のイベント「お国自慢大会」に日本人で唯一ご登壇いただいたアイチーさんは、まさに吃（チー：中国語で食べるの意味）を愛する方。中国人が営む新店情報など中国人もびっくりの情報ネットワークに行動力、そしてなにより胃袋力の素晴らしさを、いつも羨望の眼差しで見ています。

聞き手

甘露のじゃくさん

甘露の立ち上げメンバーのひとり。四川省出身。

じゃく　アイチーさんは中国各地を実際に訪れて、月餅を食べ歩いて来られたそうですね。中国人の知人にもそのような人はいません（笑）。今日はいろいろ教えてください。

甘露にも中秋節が近くなると月餅を買いに来るお客様がいらっしゃいます。先日も「月餅をください」と言われたので、蛋黄酥（p.131）や螺旋酥（p.136）をご紹介したのですが、「これが月餅？」という反応で。中国人にとってはそれ「も」月餅なのですが、どうやら日本人はそう思っていない。いわゆる広東式の広式月餅①だけを、多くの日本人は月餅と思っているのですね。中国人にとっても広式月餅はポピュラーな月餅ですが、それぞれ出身地ごとに「自分にとっての月餅」を持っていると思います。

①

広東式の広式月餅。さまざまな味が並ぶ。

広東料理と月餅で名を馳せている、広州の老舗レストラン「広州酒家」。

100年以上の歴史を誇る広州の茶楼「蓮香楼」は、月餅の種類が多いことで有名。

アイチーさんお気に入りの「神池月餅」。

アイチーさん　私もかつて山西省に留学していましたが、長く月餅といえば広東式のものしか知りませんでした。それがある時江東区の中華物産店で蘇式（蘇州式）月餅と書いてあるのを見て「あれ？　これも月餅なの？」と。2010年のことでした。中華料理でも地域ごとに大きく異なるわけですから、月餅もいろいろあって当然だと気がつき、中国各地の月餅をテーマに旅をするようになりました。2016年の吉林省を皮切りに、山西省、甘粛省へ行きました。

じゃく　どちらのものがお口に合いましたか？

アイチーさん　留学していた晶屓目も入れて山西省かな。省北部にある忻州（きんしゅう）市の「神池月餅 ②」というものです。ゴマの産地で、生地にゴマ油を染み込ませた黄色い生地が特徴的です。中秋節の少し前に行きましたが、市場内には月餅を売る店が並び、さしずめ月餅ストリートのような雰囲気でした。私が買った月餅の餡にはドライフルーツ、青梅、青紅糸（みかんの皮などを甘く味付け色付けしたもの）が入っていました。ゴマ油は生地にたっぷり入っていて、油がじんわりと浸み出してきます。ギフトボックスに入れてくれるのですが、ホテルに戻る頃には油が箱の外まで浸み出していて（笑）。直径が約30cmもある大きなものもありました。味わいは全体的にしっとりして甘めです。

山西省忻州市の市場内。

どこもかしこも月餅でいっぱい！

じゃく　月餅の餡は似たようなものが多いですが、各地で皮の違いが大きいように思います。吉林のものはいかがでしたか？

アイチーさん　2016年に月餅の食べ歩きを始めて、最初に行ったのが吉林省長春の「鼎豊真 ③」という老舗の菓子店でした。京式（北京式）月餅が中心に品揃えされていました。京式は広式に比べて皮が厚めでサクッとした食感が特徴です。鼎豊真の月餅の餡は10種類ほどあって、一番人気なのが「黄金五仁（5種のナッツ・干しブドウ・ゴマなど）」で、隠れた人気なのが「椒塩」。ヒマワリの種や青梅・リンゴが入った爽やかな餡に塩と花椒がふんわり効かせてあって、長春の大人たちに人気なのだそうです。

吉林省長春の老舗菓子店「鼎豊真」。

「鼎豊真」の隠れた人気者はこの「椒塩」。

④

どどーん！　超巨大なこれ
は……!?

⑤

アイチーさんが驚いた甘粛
省の巨大月餅の断面図。

大きい月餅がたくさん！

⑥

巨大月餅の焼きバージョン。
もはやパン!?

⑦

甘粛省で見た張掖の土月餅。

じゃく　椒塩というと私の故郷である四川省の専売特許かと思っていました
が、遠く離れた吉林省にも椒塩があるのですね。京式月餅というと自来紅月
餅、自来白月餅、翻毛月餅などが有名です。翻毛月餅はいわゆる蘇式月餅と
同じ生地なのですが、これは明代に南京から北京に都が移ったことの影響だ
そうです。

アイチーさん　私が食べた中で変わり種ナンバーワンは甘粛省です。この写
真を見てください④。

じゃく　わ！　大きい!!!　これも月餅なのですか!?

アイチーさん　作るところも見ましたが、薄く伸ばした丸い生地の間に餡⑤
を塗って何枚も重ね、さらに外側を生地で包んでセイロで蒸していました。
調べたところ、甘粛の西隣の青海省もこのタイプの月餅でした。中秋の時期
に現地へ行きましたが、スーパーマーケットのパン売り場で売られていまし
た。

じゃく　見た感じもお菓子というよりは、パンや饅頭に近いですね。

アイチーさん　蒸す以外に焼いたもの⑥もありました。そうなるともう、
完全にパンですね（笑）。いずれにしてもおやつというより、主食的に食べ
ているようでした。甘粛省では張掖の月餅も面白かったですよ。まず形が
丸くない。人や十二支などの形をしていて土月餅⑦と呼ばれます。餡は入
っていません。

じゃく　円形でもなく餡も入っていないとは……。私にとっての月餅の定義
が揺らいでいます。

アイチーさん　現地へ行けていないながらも山西省忻州市で売
られているのを見て気になっているのが、内モンゴル自治区
烏蘭察布の豊鎮月餅という甘食のような見た目の月餅⑧です。
これも餡なしで黒糖入りの生地のようです。

じゃく　甘露で開催してきたイベントに「お国自慢大会」とい
う中国人留学生が出身地の魅力をプレゼンするという企画があ

⑧

甘食のような見た目の月餅。

りまして、内モンゴル自治区編で董くんという留学生がこの月餅を紹介して
くれたのを思い出しました。

かたや私の故郷の四川省には川式月餅（四川式の月餅）というものがありま
せん。現地で売られているのも広式が多いです。そしてこれは全国的に私た
ちの世代（1990年代生まれ）ではなぜか五仁月餅が不人気です。嫌いな人
には五仁月餅を贈るというネタがあるくらい。

また、このところの中国では会社が社員や取引先に凝ったオリジナル月餅を
贈るというトレンドがあります。受け取ったみんなは「自分の会社の月餅が
いかにイケているか」を競うようにSNSにアップします。見るとパッケージ
が月餅より高い、というようなことも多そうです。中身より箱の方が高そう
というのはお茶の箱でもよくあります。

じゃく　最後になりますが、次はどこの月餅を試しに行きたいですか？

アイチーさん　浙江省衢州の麻餅や、福建省各地の月餅ですね。福建には、
豚の脂身が要というのに脂っこさがなく甘じょっぱい味わいが特徴の南平樟
湖の越餅や、エビ油味がしっかりした省東部の礼餅といった、味の個性が光
るものが。そして、おじいさんやおばあさんからもらったペンダント状の鯉
魚餅（鯉を象った月餅）をかけた子どもたちが福州の街に現れたり、龍岩で
は丸く平たい月餅の中心から小さな円状に切り抜き年輩者から食べる習慣が
あったりといった、祈りを込めた食べ方の違いも見えるところがとても興味
深いです。月餅食べ歩き旅を再開できたら、また「中華地方菜研究会」でお
伝えしたいですね。

じゃく　地域ごとに文化は違っても、中秋節に一家団欒を願ってともに時間
を過ごすという習慣はどこも共通しているということでしょうか。そんなま
とめにしないと収拾がつかないくらいに幅が広すぎですね（笑）。

なお今回ご紹介した以外にも、雲南省の滇式月餅、広東省東部の潮式月餅な
ど、面白い月餅はたくさんあります。いつかアイチーさんと月餅のイベント
を開催するのも楽しそうです。ありがとうございました。

中国のおやつレシピ

中国には「医食同源」の考え方が根強く残っていて、おやつもまた例外ではありません。甘くて美味しくて幸せな気持ちになるだけでなく、暑い時に食べた方が良いもの、脂っこい食事の後に食べた方が良いものなど、季節やその時の体調に合わせて、より食生活を充実させる役割をおやつは担っています。

甘露で中国のおやつを作り始めたのも、こうした中国の昔からの知恵が詰まった食文化に触れて感動し、ぜひ日本でもご紹介したいと思ったからです。今回レシピをご紹介することで、読者の皆さんがおやつでできる食養生について少しでも興味を持っていただけたなら嬉しく思います。レシピの中にはあまり見かけない食材も多く含まれますが、中華食材店やネットショップなどで購入可能なものが大半です。定番の食材からちょっと珍しい食材までピックアップした食材紹介もあります（p.154）ので、参考にしてみてくださいね。長期保存できるものが多いですし、食材の扱いに慣れたらお料理やお茶などに加えてみるのも楽しいのでおすすめです。

蛋黄酥

蛋黄酥
（ダンホァンスー）

アヒルの塩卵入り中華パイ
Dànhuángsū

アヒルの塩漬け卵黄を小豆の餡でくるんだ、甘じょっぱいまんまるパイ。中国や台湾ではとてもポピュラーな焼き菓子で、卵黄を蓮の餡で包んだものや肉でんぶで包んだ蛋黄酥もあります。甘露の創業時からお出ししている定番の焼き菓子の1つです。水油皮（中力粉使用、水と油が入ります）、油酥（薄力粉使用、油のみ）、2つの生地を合わせてできるホロホロした食感が中華パイの特徴です。

半分に割った様子。甘い餡と塩卵のハーモニーは絶品。

材料（6個分）

餡
　鹹蛋（アヒルの塩漬け卵黄 p.154）……6個
　　（シエンダン）
　　＊以下「塩卵」と表記。
　練ったこし餡……150g
●練ったこし餡の作り方：こし餡にコーン油や米油などの植物油を、こし餡の重量の5％程度入れて弱火にかけ、練りながら水分を飛ばしたのち冷ましておく。火にかけている間は常に混ぜ続けること（部分的に水分を飛ばしすぎて餡がかたくなってしまうのを防ぐため）。市販の餡のゆるさはそれぞれ異なるので、加える油の量は目安。餡を触って手にくっつかないくらいのかたさになればOK。

生地
　水油皮（生地にコシを与えつつ
　　　　　油酥を包みやすくするためのもの）
　　中力粉……70g
　　砂糖……8g
　　ラード……25g
　　　　（スーパーなどで売っている純製ラード。
　　　　以下すべて同様）
　　水……25g
　油酥（生地にほろほろとした食感を与える役割）
　　薄力粉……55g
　　ラード……25g

仕上げ
　卵黄（鶏卵）……1個
　黒ゴマ……適量

作り方

餡

1　塩卵の殻を剥き、卵黄を取り出す①②。

2　練ったこし餡を十分に冷ましてから6等分する③。

3　**2**で卵黄を包み丸めておく④⑤⑥。
　（ここから時間を空けて皮の作成と包餡をする場合は、餡の乾燥を防ぐためにラップをして冷蔵庫に入れておく）。

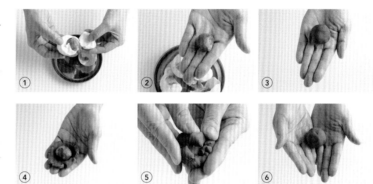

生地

［ 水油皮 ］

1　中力粉と砂糖をふるいにかけて、ラード、水とボウルに入れて混ぜ合わせる。最初はヘラなどを使って混ぜ、まとまってきたら表面がツヤツヤになるまで手で捏ねる。できあがったらラップで覆い、生地を室温で15分程度寝かせる⑦⑧⑨⑩。
　［ point ］生地は乾燥すると扱いにくくなるため、常にラップなどで覆っておくこと。この先すべての生地を作る工程で同様。

生地がこれくらいまで伸びるようになったら完成の目安！

油酥

2 薄力粉をふるいにかけて、ラードを
合わせてひとまとめにして生地を作
る①。

3 油酥と水油皮をそれぞれ6等分して
丸める。まとめたら上からラップを
かけておく②。

4 水油皮で油酥を包む。水油皮の生地
を円形（丸めた油酥を包めるくらい
の大きさ）に広げ、油酥を包みしっ
かり閉じたら、閉じた口を下にして
台などに置く③④⑤⑥⑦。

5 4を麺棒で幅5cm長さ15cmくらい
まで伸ばし、縦に3つ折りにする
⑧⑨⑩。

6 5の生地を90度回転してもう一度
麺棒で15cmくらいまで伸ばし、手
前からくるくると巻いていく⑪⑫
⑬⑭⑮。

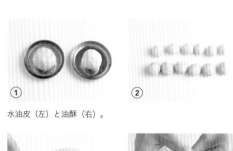

水油皮（左）と油酥（右）。

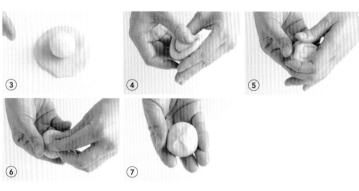

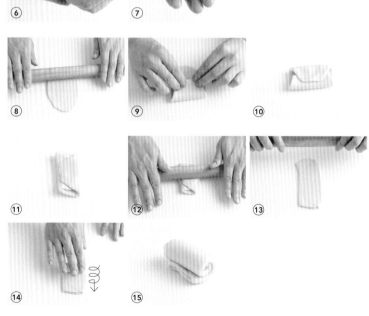

7 巻き終わりの生地の端が上になるように置いて、指で中心を凹ませる。生地の両端を中心に向けて折り畳む⑯⑰⑱⑲。

8 麺棒で生地を餡が包めるくらいの大きさに伸ばし、餡を包む⑳㉑㉒㉓㉔㉕。

9 閉じ口が下になるように台などに置き、手で形を整える㉖㉗。

10 仕上げ。卵黄を溶き、それを**9**に刷毛で2度塗りし、飾りの黒ゴマをのせる㉘㉙。

11 170℃に予熱したオーブンで約25分焼く。
　[point]　焼き菓子についてのオーブンの温度と時間は目安。オーブンの機種によって異なるので、美味しくて綺麗に焼きあがる温度と時間を見つけてみて。

12 半分に割った時に生地の中の方まで火が通っていればできあがり！㉚

焼き立ては卵のいい香りがたまらないですよ。

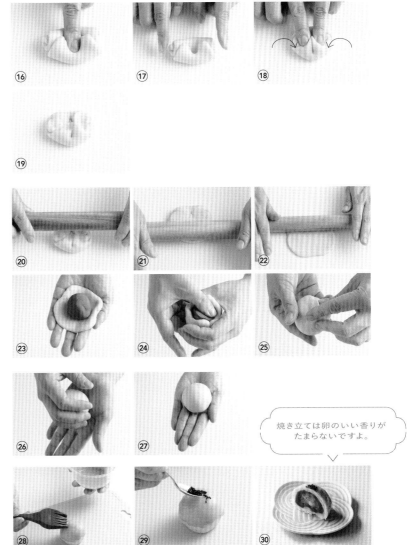

螺旋酥

（ルオシュエンスー）

うずまきの中華パイ
Luóxuánsū

螺旋酥とはうずまき状に見えるように仕上げた中華パイの呼称の1つで、その形が特徴であり、味や餡に決まりがあるわけではありません。幾重にも重なった薄い層生地や、サクッとした繊細な食感、また生地に色付けをすることでさまざまな見た目に表現できることから甘露でも大人気のお菓子です。最初は美しい層を作るのは難しいかもしれませんが、コツさえ掴めばとても扱いやすい生地なのでぜひチャレンジして、自分好みのデザイン螺旋酥を作ってみてください！　ここでは蛋黄酥と同じレシピを用いた作り方をご紹介します。

油酥の色数を増やしたり色を変えたりしてカラフルなうずまきを作るのも楽しい。

材料（6個分）

餡
　鹹蛋（アヒルの塩漬け卵黄 p.154）……6個
　　＊以下「塩卵」と表記。
　練ったこし餡（作り方はp.132の「餡の材料」の
　　「練ったこし餡の作り方」を参照）……120g
生地
　水油皮
　　│　中力粉……70g
　　│　砂糖……8g
　　│　ラード……25g
　　│　水……25g
　油酥〈2色分〉
　　油酥（黄）
　　　│　薄力粉……25g
　　　│　カボチャパウダー……2g
　　　│　ラード……12g
　　油酥（茶）
　　　│　薄力粉……25g
　　　│　ココアパウダー……2g
　　　│　ラード……12g

作り方

餡

1 練ったこし餡を6等分して、塩卵の卵黄を包んで丸く形を整えておく（p.133の餡の作り方 **1〜3** 参照）。

生地

　水油皮

1 中力粉と砂糖をふるいにかけ、ラード、水をボウルに入れて混ぜ合わせる。まとまって表面がツヤツヤになってきたらラップで覆い、室温で生地を15分程度寝かせる。（p.133 生地の作り方 **1** 参照）

油酥（茶：左）と油酥（黄：右）。

2 油酥（黄）は、薄力粉とカボチャパ
ウダーをふるいにかけて、ラードを
合わせてひとまとめにして生地を作
る。油酥（茶）も同様にして生地を
作る①。

3 ２色の油酥、水油皮をそれぞれ３等
分して丸める②。

4 黄と茶の油酥が半分ずつになるよう
くっつけ、丸めたものを３個作る
③④⑤⑥。

5 水油皮の生地を手のひらで押すよう
にして円形（**4** の油酥が包めるくら
いの大きさ）に広げ、**4** の油酥を包
む⑦⑧⑨⑩⑪⑫。

6 包んだ口の部分をしっかり閉じたら、
閉じた口を下にして台などに置く。

7 **6** を麺棒で縦 15 〜 20㎝くらいの楕
円形に伸ばし、横に巻いていく⑬
⑭⑮。

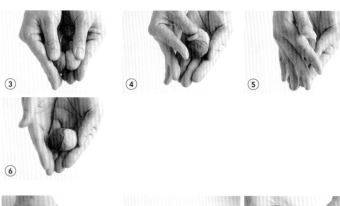

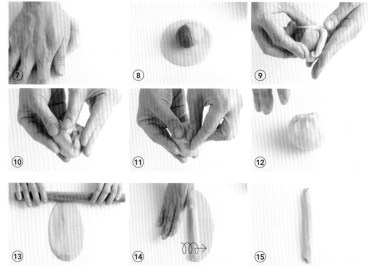

8 7の生地を麺棒でさらに縦30〜40cmくらいまで伸ばし、手前に向かってくるくると巻いていく。作業スペースに応じて生地を伸ばして巻く工程を何度かに分けて行うとやりやすい⑯⑰⑱⑲⑳㉑。

9 8を半分にカットする㉒㉓。

10 9の生地の切り口を下にして台などに置き、麺棒で生地を伸ばして円形にして餡を包む。生地の大きさは餡が包めるくらいが目安㉔㉕㉖㉗㉘㉙。

11 閉じ口が下に来るように置き、手で形を整える㉚㉛。

12 170℃に予熱したオーブンで約25分焼く。

13 半分に割った時に皮の中の方にまで火が通っていればできあがり！㉜

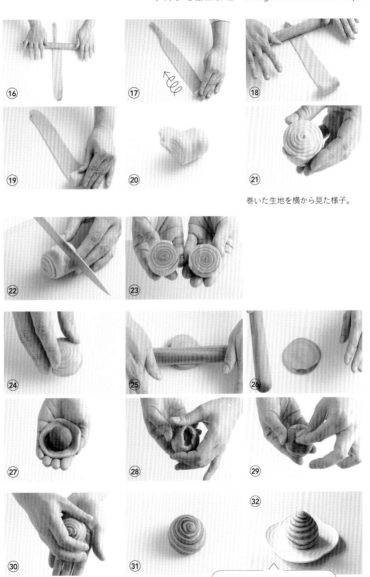

巻いた生地を横から見た様子。

オーブンなどでリベイクすると生地のホロホロ食感がアップします。

椰蓉酥

（イェロンスー）

ココナツの中華パイ
Yēróngsū

ココナツたっぷりの中華パイです。中国にはココナツを使ったお菓子がいろいろありますが、本書ではココナツがあれば身近な材料で作ることができる椰蓉酥をご紹介します。サクサクした生地の中に香ばしいココナツとバターの香りが口いっぱいに広がる、ちょっと洋菓子風のパイです。花の形をした中華菓子もさまざまあり、花びらの枚数や形を変えたり色付けをしたりすれば、違うお花の中華パイも作れますよ。

材料（6個分）

餡
　溶かし無塩バター……30g
　　＊電子レンジ等で溶かしておく
　溶き卵……1/2個分
　ココナツファイン……65g
　砂糖……25g
生地
　水油皮
　　中力粉……70g
　　砂糖……8g
　　溶かし無塩バター……25g
　　　＊電子レンジ等で溶かしておく
　　水……26g
　油酥
　　薄力粉……55g
　　溶かし無塩バター……26g
　　　＊電子レンジ等で溶かしておく
仕上げ
　黒ゴマ……適宜

作り方

餡

1 ボウルに溶かし無塩バターとその他の材料をすべて入れ、ゴムベラなどを使いよく混ぜる。全体が混ざったら6等分して丸めておく①②③④。

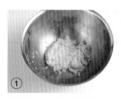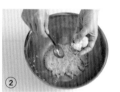

材料をすべて混ぜた状態。

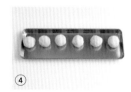

生地

　水油皮

1 中力粉と砂糖をふるいにかけて、溶かし無塩バターと水をゴムベラで混ぜ合わせる。まとまって表面がツヤツヤになってきたらラップで覆い、室温で生地を15分ほど寝かせる（p.133生地の作り方 **1** 参照）。

油酥

2 薄力粉をふるいにかけて、溶かし無塩バターを合わせてひとまとめにして生地を作る（p.134 生地の作り方 **2** 参照）。

3 水油皮と油酥をそれぞれ6等分して丸め、水油皮で油酥を包む（p.134-135生地の作り方 **3 ～ 7** の工程参照）。

4 麺棒で餡が包めるくらいの大きさに生地を伸ばし、餡を包む⑤⑥。

5 閉じ口が下にくるように置き、手で形を整えたら上から軽く押して直径6～7cmほどの円盤状にする⑦⑧⑨⑩（甘露では厚みを揃えるためセルクルを使用）。

6 中心を箸や指で押して窪みを作り、ハサミなどで均等に5カ所切り込みを入れる⑪⑫⑬⑭。

7 **6** を花びらに見えるように形を整え、中心に水1滴（分量外）を入れて黒ゴマをのせる⑮⑯⑰⑱。

8 170℃に予熱したオーブンで約25分焼く。

9 できあがり！　切り込みの断面から見て生地の内側までしっかり火が通っていればOK⑲。

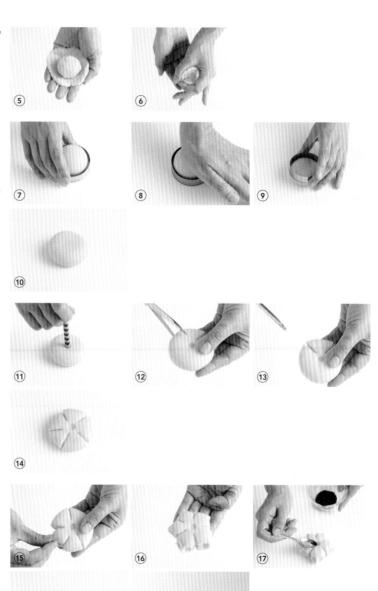

タ オ ス ー

桃 酥

クルミの中華風クッキー
Táosū

中国ではとてもポピュラーな焼き菓子で、何枚も積み重ねて袋に入って売られていたり、大きな円盤状のものがショーケースに並べられています。混ぜて焼くだけと簡単なのに、混ぜ込むものやスパイスを変えるだけでさまざまなバリエーションのクッキーを作ることができます。たとえば胡椒や山椒など、自分だけのオリジナルブレンドを探すのも楽しいですね。甘露の創業時からあるおやつの１つです。

材料（10枚分）

薄力粉……80g
強力粉……20g
ベーキングパウダー……Ｉg
クローブパウダーなど
　　……少々（お好みで）
砂糖……50g
塩……Ｉg（お好みで）
植物油……50g（コーン油など香りやクセの少ない植物油がベター）
溶き卵……10g
クルミ……30g
　＊刻んでおく
　　（クルミのザクザク感が欲しい場合は粗めの７〜10mm角程度）

作り方

1　粉ふるい等でふるった粉類と刻んだクルミをボウルなどで合わせておく。

2　**1**に植物油と溶き卵を加え、全体をヘラでさっくり混ぜる。

3　**2**を10等分して丸める。型があれば型押しをし、なければ手などで好きな大きさに伸ばす（甘露では厚めの５〜７mm程度の型を使用）。

4　間隔をとって天板に並べ、170℃に予熱したオーブンで約17分焼く。

5　できあがり！　焼き上がりの目安は表面に軽い焼き色がつき、小さなひびが入った状態になったら。
　［ point ］ 焼き上がりは柔らかく崩れやすいので、粗熱が取れてからケーキクーラーなどに移すこと。

蓮子紅豆沙

リェンズ　ホンドウシャー

陳皮の香る小豆のお汁粉
Liánzǐ hóngdòu shā

小豆のお汁粉は中国でも人気の甘味ですが、甘露でお出しているのはミカンなどの皮を乾かした「陳皮」の香りを纏わせてサラッと仕上げたタイプ。手作りキットもあり人気が高い一品です。片糖（p.157）を使うことでより深く優しい味わいになります。小豆は身体に溜まった余分な“湿”（いわゆる“むくみ”のこと）をとる作用があり、陳皮は胃を温める作用があります。蒸し暑い香港や広東省で愛される代表的な糖水（甘いデザートスープのようなもの）です。

材料（2人分）

小豆……80g
蓮の実……10g
陳皮（p.155）……1片
片糖（p.157板状の砂糖
　＊なければ氷砂糖でも可）……80g
水……1ℓ

作り方

1 小豆と蓮の実をそれぞれ1時間、水（分量外）に浸けておく。

2 水を捨てて小豆を鍋に入れ、小豆がかぶるくらいの水（分量外）を入れて強火にかける。

3 沸騰したら湯を捨てる。

4 蓋のできる鍋を用意し、小豆、蓮の実、陳皮と水1ℓを入れて火にかける。沸騰したら蓋を少しずらしてかけ、小豆が軽く踊るくらいの中火〜弱火程度の火加減で90分煮る。

[point] 煮ている最中はかき混ぜたりしない方がよいが、火が強すぎて煮詰まり過ぎないように時折チェックを。コンロによって火加減が異なるので煮詰まりすぎる場合は水を足す。

5 90分経って小豆が割れ柔らかくなったら片糖を入れ、弱火で煮溶かし、最後にひと混ぜする。

6 砂糖がすべて溶けたらできあがり！

できたての熱いものも美味しいですし、冷やして食べても美味。お好みでココナツミルクや練乳をかけても。

芝麻糊

<ruby>芝<rt>ジ</rt></ruby><ruby>麻<rt>ー</rt></ruby><ruby>糊<rt>マーフー</rt></ruby>

黒ゴマのお汁粉
Zhīmahú

ほとんど煮詰めることなく作るさらりとした黒ゴマのお汁粉です。中国ではインスタントのものも多く売られていますが、煎りたてのゴマで作る芝麻糊は香ばしく格別です。黒ゴマは髪を黒くし身体を内側から潤す作用があるといわれており、中国でも人気の定番スイーツの1つ。コクを加えるために花生醬（ピーナッツ100％のペースト）を入れていますが、あっさり味に仕上げたい場合は加えずに作ります。

材料（3人分）

黒ゴマ……80g
米粉……20g
花生醬……20g（お好みで）
三温糖……50g
水……500mℓ
白ゴマ（飾り用）……適宜

作り方

1　鍋などで黒ゴマの香りが出るまで<ruby>乾<rt>から</rt></ruby>煎りする。

2　1の黒ゴマと、水を1/3量ずつ足しながら3回に分けてミキサーにかける。ゴマのプチプチした食感を残したい場合はミキサー後そのまま、滑らかに仕上げたい場合はザルで漉す。
　　[point] 水を3回に分けて入れるのはゴマの粒をできるだけ粉砕するため（一気に水を全部入れてしまうと水分量が多く粉砕しにくくなる）。

3　鍋に残りの材料（白ゴマ以外）と2を入れて火にかける。全体にトロみが出るまで中火にかけてゴムベラで混ぜ続ける。

4　トロみが出たら器に注いで、白ゴマを飾ってできあがり！

銀耳湯

（インアルタン）

白きくらげの甘いスープ
Yín'ěrtāng

白きくらげと果物などで作る甘いスープで、なつめや梨、
蓮の実や百合根などさまざまな食材と組み合わせて作られ
ます。白きくらげは咳を鎮め、肌を内側から潤すといわれ
るため、中国では秋から冬にかけてよく食べられるおやつ
ですが、甘露では1年中お出ししている定番メニューで、
手作りキットもあります。本書では、お肉や脂っこいもの
の後に食べると良いといわれる山査子を合わせた甘酸っぱ
い銀耳湯の作り方をご紹介します。

材料（2人分）

白きくらげ（p.157）……15g
乾燥山査子（スライス）（p.157）
　　……10g
氷砂糖（p.157）……85g
なつめ（p.157）……4個
龍眼（りゅうがん）（p.157）……4個
水……650mℓ

作り方

1 白きくらげをたっぷりの水（分量外）に約2時間浸け
ておく。

2 白きくらげが戻ったら水を捨て、いしづきを取りのぞ
き一口大に手でちぎる。龍眼は殻を剥いておく。

3 蓋のできる鍋を用意して、白きくらげ、龍眼、山査子、
なつめと水を入れて強火にかける。沸騰したら弱火に
し、蓋をしてコトコトと約90分煮たら氷砂糖を入れ
て煮溶かす。
[point] コンロによって火加減が異なるので、時々
状態をチェックしながら煮詰まりすぎている場合は水
を足すこと。

4 全体がトロンとして、氷砂糖が溶けたら完成。トロト
ロの糖水のできあがり。
[point] 白きくらげの食感を残したい場合は煮る時
間を短くするなどして、お好みに合わせて調整を。温
かいままでも冷やしても美味しいおやつ。

<ruby>双<rt>シュアン</rt></ruby><ruby>皮<rt>ピー</rt></ruby><ruby>奶<rt>ナイ</rt></ruby>

双皮奶

卵入り薄皮のミルクプリン
Shuāngpínǎi

甘露の看板メニューです。元々は発祥の地である広東省仏山市順徳でとれる水牛のミルクで作られていましたが、現在は牛の乳で作った双皮奶がほかの地域でも広く食べられています。双皮とは2枚の膜のことで、調理過程でできる2枚の膜を残すことからそう呼ばれます。元々は水牛のミルクの保存のために考えられたものでしたが、今では表面のしっとりとしたミルクの膜と柔らかいプリンの食感との違いを楽しむためのおやつとして親しまれています。蒸し立てのアツアツふるふるの双皮奶の美味しさをぜひご家庭で！

材料（お椀3杯分）

牛乳……450㎖（乳脂肪分が高いと膜がしっかりできる）
卵白……3個分
砂糖……30g

作り方

1　鍋に牛乳を入れ火にかけ、80℃になるまで中火でゆっくりとゴムベラで混ぜながら温める。

2　80℃になったら碗に注ぎ、表面に膜が張るまで室温で置いておく①。

3　別のボウルに卵白を入れ箸で切るように混ぜ、砂糖も加えて混ぜる。目安は砂糖が溶けるくらい。決して泡立てないように。

4　**2**の碗を静かに傾け、表面の膜を残すようにしながら**3**のボウルに膜の下の牛乳だけを戻す②③④。

5　3碗ともすべて戻し終わったら、戻した牛乳、卵白、砂糖をなるべく泡は立てないよう静かにゴムベラで混ぜ合わせ、ザルで濾す⑤。

6　**5**を膜の残った碗にレードルで静かに注ぐ。注ぐと碗の底にある膜が浮き上がってくる⑥⑦。

7　鍋などに湯を沸かし、碗を入れたセイロを鍋の上にのせる。セイロの蓋から蒸気が出るくらいの火加減で20分蒸したら完成⑧。

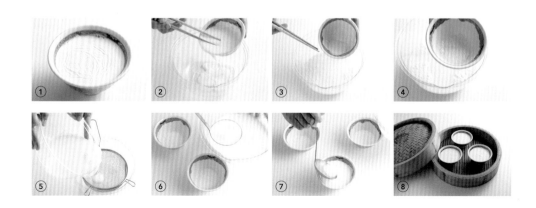

リュードウガオ

緑豆糕

りょくとう
緑豆のケーキ
Lǜdòugāo

緑豆というと日本では「緑豆春雨」を思い浮かべる方も多いでしょう。体内の熱を冷ますといわれる緑豆は、中国や台湾を含む広い地域でとても一般的で、特に夏においては定番の食材です。緑豆のお汁粉や、中華菓子の餡、シェイクなどもあります。緑豆糕も中国や台湾で広く食べられているおやつですが、材料や作り方、味や食感などが地域によって異なります。ここでは冷やして食べる、しっとり食感の緑豆糕の作り方をご紹介します。シンプルで優しい味わいの緑豆糕は、どんなタイプの中国茶ともよく合うお茶請けの定番です。

材料（6個分）

乾燥緑豆（乾燥した皮のないもの。
　中華食材店などで手に入る p.155）……100g
無塩バター……35g
砂糖……50g

作り方

1　緑豆は一晩水に浸けておく。

2　セイロの底にクッキングペーパーなどを敷き、その上に水をきった**1**をのせる。鍋などに湯を沸かしてその上に緑豆を入れたセイロをのせ約45分蒸す。火加減はセイロの蓋から蒸気が出るくらい。
　[point] 45分経過しても緑豆に芯がある場合は柔らかくなるまで蒸す。芯があるかどうかは指で豆を潰して確認。

3　緑豆を潰すようにザルで濾す。

4　鍋に無塩バターを焦がさないようにゆっくり溶かし、**3**と砂糖を入れて、砂糖が溶けて全体がしっとりとまとまるまで弱火にかける。

5　冷めたら6等分して型押しする。6等分はざっくりとスプーンやヘラですくうくらいでもOK①②③④⑤⑥。

6　冷蔵庫で冷やしたらできあがり！　冷やさずそのまま食べても。お好みでどうぞ。

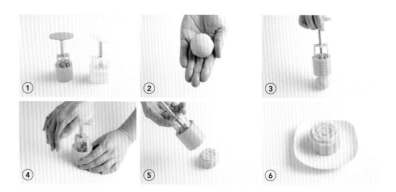

紅棗馬蹄糕

ホ ン ザ オ マ ー テ ィ ー ガ オ

なつめ入りクワイの蒸しケーキ
Hóngzǎo mǎtí gāo

馬蹄とは中国で黒クワイのことです。日本で見かけるものとは種類が異なり、ほんのり甘い味でそのまま生で食べるほか、デザートや餃子の餡などにして食されています。馬蹄糕はういろうとわらび餅の中間くらいの食感で、蒸したり焼いたりして食べられます。香港や広東省の点心のお店の定番メニューであるこのおやつを、作りやすいレシピにしてご紹介します。

材料
(17×14×H5cmサイズの寒天流し型1つ分の量)

乾燥なつめ（p.157）……150g
砂糖……150g
馬蹄粉（黒クワイの粉。
マーティーフェン
　　中華食材店などで手に入る）
　　……140g ⓐ
米粉……20g
餅粉……20g
植物油……小さじ1
水……560mℓ
クコの実（p.157）……適宜

ⓐ

作り方

1　乾燥なつめをさっと水洗いし、セイロの底にクッキングペーパーなどを敷きその上にのせる。

2　1を蒸す。鍋などに湯を沸かし、その上になつめを入れたセイロをのせてセイロの蓋から蒸気が出るくらいの火加減で30分蒸す。クコの実を水に浸けておく。
[point]　30分経ってもなつめが硬いようなら柔らかくなるまで蒸す。

3　蒸し上がったなつめを木ベラなどを用いてザルで濾し、皮と種を除く。冷めると濾しづらくなるのでなるべく早く作業すること。

4　ボウルになつめとクコの実以外の材料を入れ、ホイッパーでよく混ぜ合わせる。粉類の粒が消えて全体がトロンとしてきたら、濾したなつめも加えて混ぜ合わせる。

5　4をザルで濾してダマなどを取り除いてからクッキングシートを敷いた流し型に入れ、セイロにセットする。

6　鍋などに湯を沸かして5をのせて、セイロの蓋から蒸気が出るくらいの火加減で40分蒸す。

7　蒸し上がったら型から取り出してよく冷ましてから、好きな大きさにカットして水で戻しておいたクコの実を飾り完成。
[point]　カットする際はよく冷ましてからのほうが包丁にくっつきにくい。冷めたままでも美味しいが、再度セイロで10分ほど蒸してから食べると柔らかくムチッとした食感が楽しめる。

水晶桂花糕

シュェイジングェホァガオ

キンモクセイ香る冷たいゼリー
Shuǐjīng guìhuā gāo

秋になると香る花、キンモクセイ。中国ではお茶や料理、おやつにも広く使われます。キンモクセイは香りが良いだけでなく、お腹の調子を整える効果があるといわれ、薬酒にも加工されています。オレンジ色の小さく可憐な花が美しい、宝石のようなおやつです。ぷるぷるとした口当たりと優しい甘さ、キンモクセイの華やかな香りが口いっぱいに広がってうっとりとします。

材料

（17×14×H5cmサイズの型1つ分の量）

桂花（乾燥させたキンモクセイの花。
　中華食材店や「桂花茶」として
　ティーショップなどで
　販売されていることも）……7g
クコの実（p.157）……10g
砂糖……140g
粉ゼラチン……30g
湯……800mℓ

作り方

1 ボウルに桂花を入れ、沸騰した湯800mℓを入れて3分ほど置いて香りを出してから、茶漉しなど目の細かいザルで濾して花を取り除く。

2 1に砂糖と粉ゼラチンを入れよく溶かす（1が冷めてしまった場合は、ボウルに材料を入れたまま湯煎にかけて粉ゼラチンを溶かす）。

3 クコの実は水（分量外）の中に入れて戻しておく。

4 2に1で取り除いた桂花をふたつまみ程度と3のクコの実を入れて軽く混ぜ、型に注いで冷蔵庫で冷やし固める。

[point] 取り除いた桂花を全部入れてしまうと花や殻が多すぎて口当たりを邪魔してしまうので、少量にとどめておくこと。

5 半分くらい固まったタイミングで全体を軽くゴムベラやスプーンで混ぜる。

6 完全に固まったら好きな大きさにカットしてできあがり！

[point] 使うゼラチンや冷蔵庫の温度によっても異なるため一概にはいえないが、冷やす目安は3〜6時間程度、指で触ってみて弾力が感じられるくらいまでしっかりと固まった状態が理想的。

知って楽しい
使って美味しい
食材たち

① ② ③
④ ⑤ ⑥ ⑦
⑧ ⑨ ⑩ ⑪
⑫ ⑬ ⑭ ⑮

① 酒醸 (jiǔniàng)

中国の甘酒
もち米に麹を加えて発酵させた調味料。日本の甘酒と比べると甘みは少なめです。中国各地で使われ、エビチリの隠し味や湯圓のスープなどに用いられることで有名。

② 桂花醬 (guìhuājiàng)

キンモクセイの
シロップ漬け
キンモクセイの爽やかな香りを閉じ込めた甘いシロップ。料理やデザートに加えて甘みと香りをつけます。日本で売られているものの多くは塩入りの甘じょっぱいタイプ。

③ 玫瑰醬 (méiguījiàng)

バラの花の砂糖漬け
バラの花びらを1枚ずつにして砂糖で漬けこんだペースト状の甘味料。デザートや肉料理などにバラの花の芳醇な香りを加えてくれます。

④ 緑豆 (lǜdòu)

皮剥き緑豆（りょくとう）
皮をあらかじめ剥いてある緑豆で、中国、インド、ベトナムなどアジアの広い地域で食されます。茹でてデザートに入れたり、ペースト状にして緑豆餡を作ります。

⑤ 小豆 (xiǎodòu)

あずき
日本と同じくお汁粉や餡にして食されます。中国では「奶黄餡」「芋泥餡」「緑豆餡」「蓮蓉餡」「棗餡」など、餡の種類も多様で、小豆で作った餡を「豆沙」と呼びます。

⑥ 黒糯米 (hēinuòmǐ)

黒もち米（くろもちまい）
中国西南地方の一部でしか栽培されていない貴重種ですが日本でも少量栽培されています。栄養価が高く、プチプチもちもちとした食感で、お粥や甘く煮てデザートとして食べられています。

⑦ 薏米 (yìmǐ)

ハトムギ
別名薏仁（イーレン）などとも呼ばれます。中国の伝統的な健康食材の1つで、小豆や緑豆などと一緒に甘く煮たデザートのほか、冬瓜やスペアリブと一緒に煮込んだスープなども食べられています。

⑧ 八角 (bājiǎo)

はっかく
中国でよく用いられる香辛料の一種で、八角茴香や大茴香とも呼ばれます。有名なミックススパイスの「五香粉」に用いられることも多く、強く甘い香りがします。

⑨ 桂皮 (guìpí)

肉桂（シナモン）
甘くエキゾチックな香りがする香辛料で、料理や菓子類に広く用いられます。生薬の桂皮は発汗作用に優れ、葛根湯ほか多くの漢方薬に配合されています。

⑩ 丁香 (dīngxiāng)

クローブまたは丁子
甘くやや刺激のある風味が特徴のスパイス。料理や菓子類のほか、お茶やアルコール類などに足して香りづけをすることもあります。

⑪ 陳皮 (chénpí)

ちんぴ
みかんの皮を干したもので、爽やかで甘い香りがします。長期熟成させたものは老陳皮と呼ばれ、色が黒く一際甘く複雑な香りとなります。

⑫ 火腿 (huǒtuǐ)

中国ハム
うまみと香りの強いハムで、有名なものとしては浙江省の金華火腿があります。料理はもちろん、月餅の餡に火腿が入るものも。

⑬ 肉松 (ròusōng)

肉でんぶ
おもに肉類に調味料を加えて水分を飛ばして作ったふわふわなでんぶで、とてもポピュラー。お粥やパンのトッピングのほか、最近は肉松入りのロールケーキも人気。

⑭ 糖冬瓜 (tángdōngguā)

トウガンの砂糖漬け
皮を剥いた冬瓜を拍子木切りにして砂糖漬けにしたもの。刻んで老婆餅や月餅の餡に加え、さっぱりとした甘さとシャクシャクとした歯ごたえを加えます。

⑮ 鹹蛋 (xiándàn)

塩漬け卵
卵を殻ごと塩水などに漬け込んだ加工品で、中国のほか東南アジアで広く食べられます。塩気が強いので調味料として用いるほか、卵黄を小豆の餡でくるんだ蛋黄酥は中華菓子の定番です。アヒルの卵を用いることが多いですが鶏卵の場合もあります。

⑯　　　　　　　⑰　　　　　　　⑱　　　　　　　⑲

⑳　　　　　　　㉑　　　　　　　㉒　　　　　　　㉓

㉔　　　　　　　㉕　　　　　　　㉖　　　　　　　㉗

㉘　　　　　　　㉙　　　　　　　㉚　　　　　　　㉛

⑯ 紅糖 (hóngtáng)

黒砂糖・赤砂糖

日本でいうと黒砂糖ですが、色は黒砂糖より紅茶色で味わいも黒砂糖よりさっぱりめ。お菓子やお茶に素朴な甘さとコクを加えます。

⑰ 片糖 (piàntáng)

板状の砂糖

こちらも黒砂糖の一種を板状に固めたものです。溶かすのに時間はかかりますが、サトウキビのコクとまあるい甘さが紅豆沙などには欠かせません。

⑱ 黄氷糖 (huángbīngtáng)

黄氷砂糖

ミネラル成分が残っているため、やや黄味がかっています。自然な甘さと清々しい香りがあります。

⑲ 氷糖 (bīngtáng)

氷砂糖

日本では果実酒などに使われますが、中国では料理やデザートなど幅広く用いられます。スッキリとした甘さで、甘露では白きくらげや桃膠の甘み付けは氷砂糖で行っています。

⑳ 百合根 (bǎihégēn)

ゆりね

中国では生の百合根のほか乾燥させたものも売られているポピュラーな健康食材です。炒め物などの料理のほか、甘く煮てデザートスープとして食されます。

㉑ 腐竹 (fǔzhú)

乾燥湯葉

生湯葉を乾燥させたもの。日本で湯葉というと高価なイメージがしますが、中国ではとても馴染みのある食材です。乾燥湯葉にもいろいろな種類がありますが、腐竹糖水には薄い板状のものを使っています。

㉒ 蓮子 (liánzǐ)

ハスの実

茹でたり蒸したりするとホクホクとした食感になります。古くから滋養のある食べ物として知られ、スープや炒め物のほか、蓮の実で作った餡は蓮蓉餡として有名です。

㉓ 銀耳 (yín'ěr)

白きくらげ

お肌や喉を潤す薬膳食材として珍重されてきた銀耳。透明で美しい見た目とクセのない味わいで、さまざまな食材と組み合わせて食べられています。

㉔ 核桃 (hétáo)

クルミ

中国でもクルミはよく食べられています。飴がけやクッキー、すり潰したお汁粉も定番のおやつ。老化予防や滋養強壮に良いといわれる薬膳食材です。

㉕ 扁桃 (biǎntáo)

アーモンド

有名な中華風アーモンドクッキー「杏仁酥」のほか、料理に入れて食感と香ばしさをプラスします。「アーモンド」と「杏仁」は見た目が非常に似ていることから中国においては言い違えられていることも多いです。

㉖ 瓜子 (guāzǐ)

ヒマワリの種

中国茶のお供の定番の茶菓子といえばヒマワリの種です。キャラメルや五香粉などのフレーバーがついているものがあり、中国の方は器用に歯で殻を割って中身だけを食べます。殻を床に捨てるので、ヒマワリの殻だらけになることも。

㉗ 杏仁 (xìngrén)

アンズの実

杏仁というと杏仁豆腐が真っ先に思い浮かびますが、実は中国においてはそれほどメジャーではなく、杏仁茶や杏仁露などのサラリとしたスープ状のタイプがよく飲まれています。杏仁には咳などを鎮める生薬である「北杏仁」と香りの良い「南杏仁」の2種類があります。

㉘ 山楂 (shānzhā)

サンザシ

バラ科の植物の果実で強い酸味を持ちます。日本では乾燥させたものやシロップ漬けにしたものが売られています。山楂を串に刺して飴を絡めた糖葫蘆（タンフール）は古装ドラマによく登場しますね。

㉙ 龍眼 / 桂圓
(lóngyǎn / guìyuán)

リュウガン

ライチと同じく甘味の強い果実ですが、味や香りは異なります。中国では滋養に優れた食材としてとても身近で、お茶やスープなどに入れます。生食用と丸ごと乾燥させたものがあります。殻を割って使いましょう。

㉚ 枸杞子 (gǒuqǐzǐ)

クコの実

中国では滋養強壮、疲労回復に効果のある食材として古くから有名です。赤くちょこんとした可愛い見た目で、料理やデザートの彩りとしても多く使われています。

㉛ 棗 (zǎo)

ナツメ

中国や韓国では胃腸の調子を整える食材として非常に身近なもので、粥やスープ、デザートなどいろいろ食べられます。生薬名は大棗（タイソウ）といい、多くの漢方薬に配合されています。果肉の中にある種はとても尖っているので、丸ごと利用する時は注意しましょう。

食材・お茶が
購入できる場所

本書を読んでいただき、実際に「おやつを作ってみよう」「お茶を飲んでみよう」と思っていただけたらとても嬉しいです。そんな気持ちになってくださった皆さまに、少しですが購入できる場所をご紹介しておきます。オンラインストアを持っているところを中心に掲載しています。

食材

華僑服務社

数ある中華物産店の中で、甘露のメニューとの相性が良く距離も近いため重宝しているお店。食材、油、砂糖から調味料まで幅広く品揃えされています。

〒169-0073　東京都新宿区百人町2-11-2
https://www.kakyo.asia/

萬勝商事

横浜中華街の片隅にある小さなお店。ここでしか買えない食材があり、そのために中華街まで足を伸ばすこともあります。

〒231-0023　神奈川県横浜市中区山下町214
http://www.mansyo.com/

アジアスーパーストア

タイの食材がメインの品揃えで、ココナツミルクから調味料、お菓子のほか調理済みのお惣菜やおやつ、唐辛子に生のハーブまで購入できる楽しいお店です。

〒169-0072　東京都新宿区大久保1-8-2
シャルール新宿2階
https://asia-superstore.com/

アンビカショップ

インド食材といえばこちら。複数店舗を展開しています。豆、粉、スパイスの品揃えが豊富で、店内に漂う香りは完全に異国のそれです。おやつも売っているのでぜひお試しを。

新大久保店
〒169-0073　東京都新宿区百人町1-11-29
https://shop.ambikajapan.com/

お茶

遊茶　YouCha

ハイクオリティなお茶と茶器をバランス良く品揃え。中国茶の教室も定期開講。

〒150-0001　東京都渋谷区神宮前5-8-5
https://youcha.shop/

三宝園

台湾の阿里山茶の生産者が販売するお店。甘露でもイベントを開催。

〒111-0035　東京都台東区西浅草1-5-14
https://sanpaoen.com/

皇御茗茶葉

武夷山に畑を持つ岩茶の生産者。甘露でもイベントを開催。

https://huangyum.shopselect.net/

鈴茶堂

こだわりぬかれた貴重な茶葉の品揃えが魅力。

https://suzuchado.com/ja/

HOJO

中国茶以外にも日本の緑茶、インド・ネパールの紅茶まで豊富な品揃え。

https://hojotea.com/

茶壺天堂

普洱茶といえばここ。甘露でもイベントを開催。

https://www.instagram.com/chahuu.tendo/
natch551@gmail.com

**分類別
お茶索引**

　緑茶　
安吉白茶（あんきつはくちゃ）p.53
太平猴魁（たいへいこうかい）p.56
碧螺春（へきらしゅん）p.54
蒙頂甘露（もうちょうかんろ）p.73
六安瓜片（ろくあんかへん）p.56
龍井茶（ろんじんちゃ）p.53

　黄茶　
君山銀針（くんざんぎんしん）p.71
蒙頂黄芽（もうちょうこうが）p.73

　白茶　
月光白（げっこうはく）p.77
寿眉（じゅび）p.60
白毫銀針（はくごうぎんしん）p.59
白牡丹（はくぼたん）p.59

　烏龍茶　
阿里山高山茶（ありさんこうざんちゃ）p.81
安渓鉄観音（あんけいてっかんのん）p.62
黄金桂（おうごんけい）p.62
岩茶 水仙（がんちゃ すいせん）p.61
岩茶 大紅袍（がんちゃ だいこうほう）p.60
岩茶 肉桂（がんちゃ にっけい）p.61
正欉鉄観音（せいそうてっかんのん）p.82
凍頂烏龍茶（とうちょううーろんちゃ）p.81
東方美人（とうほうびじん）p.82
鳳凰単欉鴨屎香（ほうおうたんそうかもしこう）p.67
鳳凰単欉蜜蘭香（ほうおうたんそうみつらんこう）p.67
嶺頭単欉（れいとうたんそう）p.68

　紅茶　
祁門紅茶（きーもんこうちゃ）p.57
金駿眉（きんしゅんび）p.63
正山小種（せいさんしょうしゅ）p.63
滇紅（てんこう）p.77

　黒茶　
安化茯磚茶（あんかふくせんちゃ）p.71
雅安蔵茶（があんぞうちゃ）p.74
普洱茶（熟茶）（ぷーあーるちゃ じゅくちゃ）p.78
普洱茶（生茶）（ぷーあーるちゃ なまちゃ）p.78

　再加工茶（花茶）　
碧潭飄雪（へきたんひょうせつ）p.74
龍珠花茶（りゅうじゅかちゃ）p.64

　再加工茶（工藝茶）　
富貴牡丹（ふうきぼたん）p.64-65
龍鳳吉祥（りゅうほうきっしょう）p.64-65

　再加工茶　
小青柑（しょうせいかん）p.68

　茶外茶　
苦水玫瑰（くすいめいくい）p.79
黄山貢菊（こうざんこうぎく）p.57

著者 / 甘露　東京は西早稲田にある中国茶カフェ。"中国のお茶と文化を伝える場所を作りたい"と思っていた日本人夫妻と中国人留学生（当時）が出会い始めた店で、中国茶と中国のおやつを提供している。中国茶は初心者にも楽しめるよう味や香りの違いがわかりやすいものを揃え、種類も産地もさまざま。店で手作りする中国のおやつは"身体を労わる中国の食文化を体験してほしい"との思いがこもった逸品揃いで、現地の味を思い出しながら再現、甘露流にアレンジした味わいが人気を博している。中国語教室や中華エンタメとのコラボレーションなど、文化交流・情報発信にも積極的。オンライン販売の焼き菓子も好評で、多くのファンを引きつけている。
https://www.kanro.tokyo/

旅（たび）するように知（し）り、楽（たの）しむ

はじめての中国茶とおやつ

2023 年 4 月 16 日　発　行　　　　　　　　NDC596
2024 年 11 月 13 日　第 3 刷

著　　者　　甘露（かんろ）
発 行 者　　小川雄一
発 行 所　　株式会社 誠文堂新光社
　　　　　　〒113-0033 東京都文京区本郷 3-3-11
　　　　　　https://www.seibundo-shinkosha.net/
印刷・製本　TOPPANクロレ株式会社

©Kanro. 2023　　　　　　　　　　　　　　　Printed in Japan

本書掲載記事の無断転用を禁じます。

落丁本・乱丁本の場合はお取り替えいたします。

本書の内容に関するお問い合わせは、小社ホームページのお問い合わせフォームをご利用ください。
本書に掲載された記事の著作権は著者に帰属します。これらを無断で使用し、展示・販売・レンタル・講習会等を行うことを禁じます。

JCOPY　〈（一社）出版者著作権管理機構　委託出版物〉
本書を無断で複製複写（コピー）することは、著作権法上での例外を除き、禁じられています。本書をコピーされる場合は、そのつど事前に、（一社）出版者著作権管理機構（電話 03-5244-5088 / FAX 03-5244-5089 / e-mail：info@jcopy.or.jp）の許諾を得てください。

ISBN978-4-416-52355-1

監修 / 森崎雅樹（中国茶アナリスト：
合同会社ティーメディアコーポレーション代表）
川 浩二（文学者、翻訳家）
井上菜津子（茶壷天堂主宰）

茶器協力 / 株式会社遊茶（cover、p.1 右側蓋碗、
　　　　　84、86、88、89、90、94上のチャトル®）

協力 / 愛吃（アイチー）
　　　（中国各地の月餅／中華地方菜研究会主宰）

レシピ協力 / 甘崎文慧

中国現地取材 /
陳 琬薔（成都・昆明取材）
陳 柯宇（北京取材）
湯 禹瑤（上海取材）
侯 天驕（上海取材）
蘭 芳冰（杭州取材）
羅 倩倩（広州取材）
楊 天翔（蘇州取材）
斎 意旋（香港取材）
張 舒涵（台湾取材）

装丁・デザイン / 三上祥子（Vaa）
イラスト / 大塚文香
撮影 / 野村正治（cover、p.1、2、10、11、53-95、131-159）
校正 / 高柳涼子
編集 / 十川雅子

参考資料 /
中国北斗文化伝媒有限公司『実用中国地図冊』中国地図出版社
　（2022）
鄭度・黄宇『中国地理絵本』明天出版社（2021）
今間智子『中国茶の教科書』誠文堂新光社（2012）
布目潮渢『中国喫茶文化史』岩波現代文庫（2001）
布目潮渢『茶経 全訳注』講談社学術文庫（2012）
池澤春菜『はじめましての中国茶』本の雑誌社（2017）
井上菜津子『茶樹は山の上』（2022）
根本幸夫『漢方294処方生薬解説』じほう（2016）
辰巳洋『薬膳素材辞典』源草社（2006）
専門家による中国茶・台湾茶の情報サイト　Teamedia